Iss dich schlank!

Sonja Carlsson

Iss dich schlank!

Mit Low-Fat dauerhaft zur Traumfigur

Seehamer Verlag

Hinweis des Verlages
Die in diesem Buch enthaltenen Informationen und Rezepte sind nach bestem Wissen und Gewissen zusammengestellt. Eine Haftung kann nicht übernommen werden.

Bildnachweis:
Für die freundliche Überlassung der Abbildungen danken wir: 3 Glocken, Herbert Wirths PR, Fischach für die Abbildungen auf den Bildtafeln 3 und 6; G. Fiedler PR, Hamburg für die Abbildung auf Bildtafel 7 (unten); The Food Professionals Köhnen GmbH, Sprockhövel für die Abbildungen auf Bildtafel 2; Ketchum GmbH, München für die Abbildung auf Bildtafel 8; Langnese-Iglo GmbH, Public Relations, Hamburg für die Abbildungen auf den Bildtafeln 1, 3, 4 (alle) und 7 (oben).

Redaktion und Produktion:
Dr. Reitter & Partner Verlag, Vaterstetten
Umschlaggestaltung: Bine Cordes, Weyarn
Umschlagfoto: Bavaria Bildagentur, Gauting
Foto Vor- und Nachsatz: Creativ Collection
Printed in Germany
ISBN 3-934058-30-2

Inhalt

Einleitung

Fett ist *die* Kalorienbombe Nummer eins und macht dick. Doch Fett ist andererseits auch wichtig, ja sogar unentbehrlich für unseren Körper. Und: Fett spielt eine große Rolle bei der Speisenzubereitung, für das Geschmackserlebnis und das Sättigungsgefühl. Aber wir konsumieren zu viel Fett. Daraus resultieren Übergewicht, hohe Blutfettwerte, hoher Blutdruck sowie Altersdiabetes. Stoffwechselkrankheiten wie Osteoporose und Gicht werden als Folge von Übergewicht verschlimmert. In Not- und Kriegszeiten waren die als Zivilisationskrankheiten bezeichneten Krankheitsbilder selten. Heute, im Zeitalter des Überflusses, sind sie in den Industriestaaten die häufigsten Erkrankungen überhaupt. Nur mit einer deutlichen Einschränkung des Fettverzehrs sowie der Reduzierung auf ein vernünftiges und ernährungswissenschaftlich vertretbares Maß kann man diesen Krankheiten vorbeugen bzw. sie mildern oder sogar völlig heilen.

Low fat heißt übersetzt „wenig Fett". Kochen mit wenig, aber hochwertigem Fett ist nicht nur gesünder für Herz und Blutgefäße, sondern ist auch sinnvoll, um Krankheiten wie Übergewicht, Diabetes, Osteoporose und anderen rheumatischen Erkrankungen entgegenzuwirken. Viele dieser Zivilisationskrankheiten gehen auf das Konto der Über- und Fehlernährung zurück; ein zu hoher Fettkonsum spielt dabei eine entscheidende Rolle.

Das Kochen mit wenig Fett ist heute einfacher denn je: Beschichtete Pfannen und gute Töpfe erlauben ein schonendes, fettarmes Garen im eigenen Saft. Die Kennzeichnung bzw. die Zutatenliste unserer Lebensmittel gibt zudem Auskunft über den Gehalt an Fett und meist auch über die enthaltenen Fettarten. Auf vielen Etiketten sind auch die Nährstoff- und Kaloriengehalte angegeben. Darüber hinaus gibt es zahlreiche fettreduzierte Lebensmittel sowie Diätprodukte auf dem Markt, die Fett und Kalorien sparen helfen.

Kochen wie „bei Muttern" ist deshalb völlig überholt, die zeitgemäße gesunde Kost ist vielmehr vollwertig, ausgewogen, frischebetont und leicht.

Meine „Low-fat-Küche" setzt aber nicht nur auf moderne Zubereitungstechniken und eine überlegte Produktauswahl;

mein weiteres Ziel ist ein gewisser Lerneffekt. Das „passende“ Fett in der richtigen Menge richtig einzusetzen, will gelernt sein. Was alles bei der Wahl und der Verwendung von Fett zu beachten ist, erfahren Sie in diesem Buch. Die Rezepte liefern den Beweis dafür, dass fettsparendes Kochen nicht fade sein muss: Köstliche sowie gesunde Gerichte aus der kalten und warmen Küche für jeden Anlass, für jede Jahreszeit, für jeden Geschmack und für Kochanfänger gleichermaßen wie für Profis lassen das Wasser im Mund zusammenlaufen. Das Tüpfelchen auf dem „i“ sind die Nährwertangaben, aus denen Sie die Gehalte an Kilokalorien, Eiweiß, Fett und Kohlenhydraten ersehen können. Viele Tipps und Variationsvorschläge sind mein Extra-Service für eine abwechslungsreiche und schmackhafte „Low-fat-Küche“.

Ich wünsche Ihnen viel Freude an diesem hilfreichen Kochratgeber und natürlich gutes Gelingen sowie guten Appetit.

Sonja Carlsson

Die Low-fat-Küche

Immer noch zu hoher Fettkonsum

Nach Angaben des Bundesernährungsministeriums ist der Konsum von Nahrungsfetten in Deutschland 1998 gegenüber dem Vorjahr um 1 kg pro Kopf auf 29,2 kg gesunken (1997: 30,2 kg/Kopf) Daraus errechnet sich eine täglich verzehrte Reinfettmenge von 80 Gramm, die sich aus Butter, Margarine, Speisefetten (Butterschmalz, Bratfett, Frittierfett), Speiseöl und Schlachtfett (Schweineschmalz, Rindertalg) zusammensetzt. Allerdings waren die Bundesbürger nur beim Verzehr von Butter, Margarine und Speiseöl zurückhaltender; der Verzehr von Speisefetten nahm dagegen zu. Als wesentlicher Grund für den Rückgang des Reinfettkonsums wird eine allmähliche Änderung dieser Verzehrgewohnheiten angenommen, weil der Verbraucher mehr und mehr fettsparende Garmethoden nutzt und bei den Streichfetten (Butter, Margarine) verstärkt zu Halbfetten greift. Der Rückgang des Reinfettverzehrs täuscht aber über die tatsächlich verzehrte Fettmenge hinweg, die gestiegen ist. Sie ergibt sich aus dem Reinfettkonsum und dem Verzehr von versteckten Fetten in Milchprodukten, Eiern, Mayonnaise, Fisch, Fleisch, Schinken, Wurst, Feingebäck, Schokolade, Nüssen und anderen fetthaltigen Nahrungsmitteln.

Pro-Kopf-Verbrauch von Nahrungsfetten seit 1996

Fettart	*1996*	*1997*	*1998*	*1998 gegen 1997*
Fette insgesamt (Reinfett)	30,3 kg	30,2 kg	29,2 kg	– 3,3 %
– Butter	7,3 kg	7,1 kg	6,8 kg	–4,2 %
– Margarine	7,3 kg	7,3 kg	7,1 kg	–2,7 %
– Speisefette	0,9 kg	0,8 kg	0,9 kg	+ 12,5 %
– Speiseöle	12,1 kg	12,4 kg	11,7 kg	–5,6 %
– Schlachtfette	5,3 kg	5,2 kg	5,3 kg	+ 1,9 %

Quelle: BMELF-Info 26/1999

1989 lag der Gesamtfettverzehr laut dem Ernährungsbericht von 1992 in den alten Bundesländern bei 130 Gramm pro Person und Tag (neue Bundesländer: 125 Gramm pro Person und Tag). Für 1994 wurde ein statistischer Verbrauch von 134 Gramm ermittelt. Die Deutsche Gesellschaft für Ernährung (DGE) empfiehlt Personen mit leichter Tätigkeit, nur etwa 70 Gramm Fett pro Tag zu verzehren. Dies bedeutet, dass unser tatsächlicher Fettverzehr im Durchschnitt fast doppelt so hoch liegt wie die DGE-Empfehlung und dass er deutlich reduziert werden muss. Nicht die Butter auf dem Brot (der Verbrauch von Streichfetten ist rückläufig!) oder das Öl im Salat (Verbrauch ebenfalls rückläufig) sind schuld an unserem Fettrekord, sondern vielmehr die versteckten Fette in den bereits aufgeführten Nahrungsmitteln, jenen Produkten also, die bei uns von Jahr zu Jahr beliebter und in immer größeren Mengen konsumiert werden.

An den sichtbaren Fetten zu sparen ist äußerst sinnvoll und im Übrigen recht einfach – die versteckten Fette zu entlarven und ihre Mengen richtig einzuschätzen fällt dagegen bei unserem reichhaltigen Warenangebot ziemlich schwer. Wer denkt schon bei einem köstlichen Kartoffelsalat daran, dass die meisten Fettkalorien aus der Mayonnaise stammen? Und wer würde ein luftig-zartes Blätterteiggebäck als reinste Kalorien- und Fettbombe einstufen? Schon ca. 100 Gramm Butterkäse (4 Scheiben) bringen stattliche 23–35 Gramm Fett auf die Waage – das ist bei einer Sorte mit 60 % F. i. Tr. schon die Hälfte der täglich empfohlenen Fettmenge! Wer seine Käsebrote dann noch dick mit Butter oder Margarine bestreicht, hat schnell sein tägliches Fettpensum beisammen. Bei Fleisch und Schinken dagegen kann man Fett meist gut erkennen. Wer auf die Schwarte verzichtet und Fettränder wegschneidet, kann eine beträchtliche Menge Fett sparen. Auch sollte man den Fond von fettreichem Bratenfleisch vor der Fertigstellung entfetten, denn dabei handelt es sich im Grunde um verstecktes Fett, das aber leicht erkenn- und vermeidbar ist.

Experten sehen zwar Tendenzen, dass sich der Gesamtfettverzehr künftig etwas verringern wird; trotzdem muss immer wieder mit Nachdruck darauf hingewiesen werden, dass viele Lebensmittel – vor allem Milcherzeugnisse, Fertig- und Halbfertigprodukte sowie Fastfood-Gerichte – in ihrem Gehalt an versteckten Fetten nicht zu unterschätzen sind. Hieran ändert auch der sog. Light-Trend nichts, denn Light-Produkte besitzen für die meisten ihrer Verwender eine Alibifunktion: Das durch fettreduzierte Produkte eingesparte Fett wird oftmals durch einen stärkeren Konsum dieser Erzeugnisse und/oder durch anderweitigen Fettverzehr kompensiert. Das alles geschieht mit dem beruhigenden Gefühl, man würde durch die Verwendung von Light-Produkten etwas für seine Gesundheit tun! Tatsächlich sind viele Erzeugnisse aufgrund ihrer Zusammensetzung (sog. Lebensmittelzusatz-, Konservierungsstoffe, Stabilisatoren etc.) alles andere als empfehlenswert. Als einzig sinnvolle „Erfindung" kann man aus ernährungswissenschaftlicher Sicht nur die fettreduzierten Aufstrichfette (Halbfettmargarine, Halbfettbutter bzw. Milchhalbfett) nennen, die in der kalten Küche vielseitig sowie fettsparend eingesetzt werden können und damit einen wesentlichen Beitrag zur allgemeinen Verringerung der Fettzufuhr leisten. Aufgrund ihrer weichen, geschmeidigen Konsistenz ermöglichen sie einen besonders sparsamen Gebrauch, zumal sie sich auf Brot ganz dünn auftragen lassen. Außerdem kann man damit auch Nudeln, Reis, Kartoffeln, Püree und Gemüse verfeinern. Halbfette werden erst nach dem Garen zugesetzt. Sie müssen lediglich schmelzen, werden also nur erwärmt.

Ohne Fett schmeckt es nicht

Fett sparen tut Not – doch sollten wir nicht am falschen Ende sparen. Denn Fett ist ein lebenswichtiger Nährstoff. Es erfüllt viele Funktionen in unserem Körper und ist darüber hinaus ein wichtiger Geschmacksträger. Auch die Resorption von fettlöslichen Vitaminen ist ohne Fett nicht möglich. Wenn diese nicht ausreichend resorbiert werden, drohen auf lange Sicht schwere Mangelerscheinungen. Fett ist auch notwendig für die Produktion von zahlreichen Hormonen (insbesondere der Geschlechtshormone) und hormonähnlichen Substanzen, es spielt eine bedeutende Rolle für die Haut, für den Aufbau der Zellmembranen sowie für vieles andere mehr.

Zuviel Fett aber ist, wie wir wissen, ungesund, denn es belastet den Körper auf verschiedene Weise und kann somit zu ernsten und lebensbedrohenden Krankheiten beitragen. Entscheidend ist, welche Fette wir zu uns nehmen und in welcher Menge und Häufigkeit sie auf den Tisch kommen.

Fett ist nicht gleich Fett

Auf die Fettsäuren kommt es an

Bei den Nahrungsfetten unterscheiden wir tierische und pflanzliche Fette. Zu den tierischen Fetten zählen Butter, Butterschmalz und Schlachtfette (Schweine- und Gänseschmalz, Speck, Rindertalg und Fischfette), die Gruppe der pflanzlichen Fette umfasst die Pflanzenmargarinen und -öle sowie die pflanzlichen Bratfette, die in verschiedenen Formen, als feste weiße Plattenfette (Kokos- und Palmkernfett), in Block- oder Quaderform und als Soft-Fette im Becher, im Handel sind.

Chemisch gesehen besteht ein Fettmolekül aus dem dreiwertigen Alkohol-Glyzerin und aus drei Fettsäuren, die daran gebunden sind. Man bezeichnet die Fette auch als Triglyzeride oder als Neutralfette. Die Fettsäuren können völlig verschieden sein: Es gibt gesättigte und ungesättigte Fettsäuren, lang-, mittel- und kurzkettige, außerdem unterscheiden wir essentielle (= lebensnotwendige) und nichtessentielle Fettsäuren. Die Vielzahl der Fettsäuren und die Kombinationsmöglichkeiten innerhalb des Fettmoleküls ergeben schließlich die große Palette der Nahrungsfette mit ihren unterschiedlichen Gesundheitswerten:

- Kurzkettige Fettsäuren: bis 4 C-Atome, z. B. Buttersäure (im Milchfett)
- Mittelkettige Fettsäuren: 6 bis 12 C-Atome, z. B. Capronsäure, Caprylsäure (beide im Milchfett), Laurinsäure (im Kokosfett)
- Langkettige Fettsäuren: über 12 C-Atome, z. B. Palmitinsäure (in tierischen Fetten), Ölsäure (in Pflanzenölen, vor allem in Olivenöl), Linolsäure (in Pflanzenölen), Eicosapentaensäure (in Fischöl).

Schema eines Fettmoleküls (Glyzerin und 3 Fettsäuren):

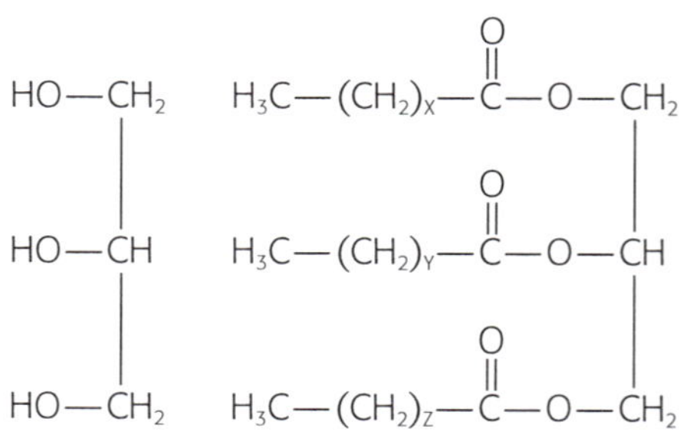

Glyzerin Triacylglycerin

Eine Fettsäure lässt sich vereinfacht als Kette einer geradzahligen Anzahl von Kohlenstoffatomen darstellen, die alle untereinander durch eine einfache Bindung verknüpft sind. Jedes Kohlenstoffatom (C-Atom) kann vier Partner an sich binden bzw. es besitzt vier Bindungsstellen. Innerhalb der Kette, in der jedes C-Atom vor und hinter sich ein C-Atom an sich gebunden hat, sitzt an den übrigen zwei Bindungsstellen jedes C-Atoms jeweils ein Wasserstoffatom (H-Atom), am Kettenanfang sind es drei, das Kettenende bildet eine Säuregruppe (OOH-Gruppe). Weil alle C-Atome miteinander in einfacher Bindung verknüpft sind und alle vier Bindungsstellen von jeweils 1 Atom besetzt sind, spricht man von einer „gesättigten Fettsäure". Typischer Vertreter dieser Gruppe ist die Stearinsäure (18 C-Atome, nur einfache Bindungen). Die C-Atome können aber auch durch eine Doppelbindung miteinander verknüpft sein, in

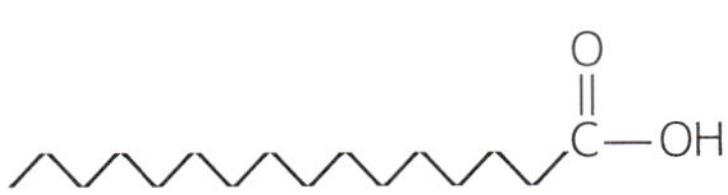

Vereinfachte Darstellung

diesem Fall können zwei nebeneinanderliegende C-Atome nur jeweils 1 H-Atom anlagern.

Eine Fettsäure mit einer Doppelbindung ist „einfach ungesättigt". Der Prototyp dieser Form ist die Ölsäure (18 C-Atome, 1 Doppelbindung, Omega-9-Fettsäure). Enthält die Fettsäure nun mehrere Doppelbindungen in der Kohlenstoffkette, so nennt man sie „mehrfach ungesättigt". Für den Menschen essentiell ist die Linolsäure, eine zweifach ungesättigte Fettsäure vom Omega 6-Typ. Wichtig ist außerdem die Gamma- und die Alpha-Linolensäure. Beide können im Körper aus Linolsäure gebildet werden. Sie sind dreifach ungesättigt (3 Doppelbindungen). Die Gamma-Linolensäure ist eine Fettsäure vom Omega-6-Typ, die Alpha-Linolensäure ist ein Vertreter der Omega-3-Fettsäuren. Die Bezeichnung mit den griechischen Buchstaben (Alpha, Gamma, Omega) und der jeweilige Ziffer hängt mit der Plazierung der Doppelbindungen und der chemischen Struktur allgemein zusammen. Bei den Omega-3-Fettsäuren befindet sich die erste Doppelbindung am dritten C-Atom, bei

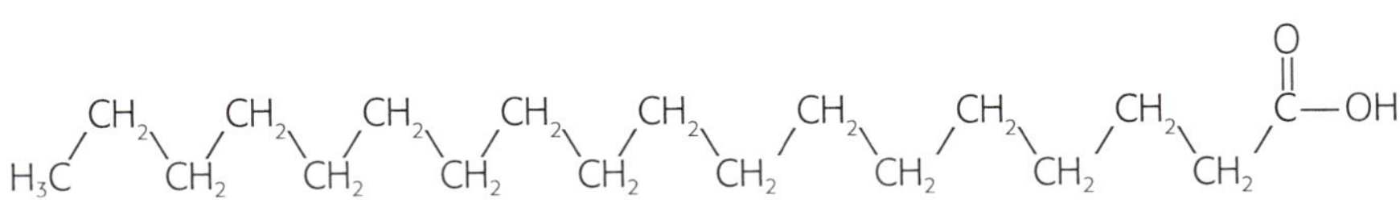

Schema einer gesättigten Fettsäure (18 C-Atome, keine Doppelbindung, Stearinsäure)

den Omega-6-Fettsäuren am sechsten und bei den Omega-9-Fettsäuren am neunten C-Atom, vom Kettenanfang (H-Atom) gerechnet.

Schema einer einfach ungesättigten Fettsäure (18 C-Atome, 1 Doppelbindung, Ölsäure):

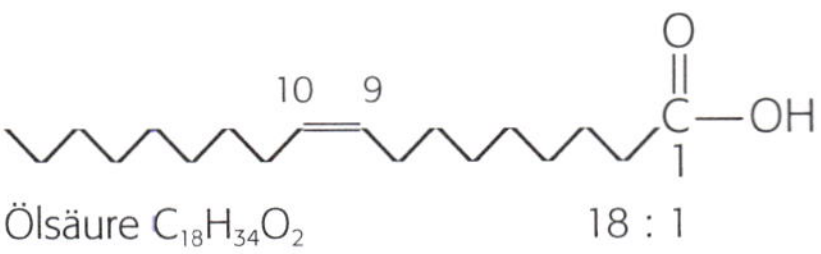

Schema einer zweifach ungesättigten Fettsäure (18 C-Atome, 2 Doppelbindungen, Linolsäuresäure):

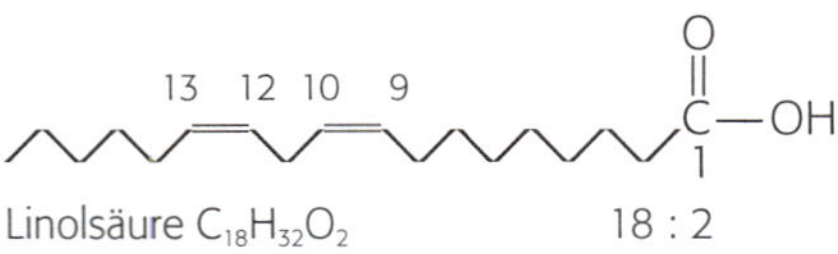

- Fettsäuren der Ölsäure-Gruppe: Omega-9-Fettsäuren
- Fettsäuren der Linolsäure-Gruppe: Omega-6-Fettsäuren
- Fettsäuren der Linolensäure-Gruppe: Omega-3-Fettsäuren

Fette mit überwiegend gesättigten Fettsäuren sind weiß und hart. Sie haben einen relativ hohen Schmelzpunkt und sind bereits bei Zimmertemperatur fest. Beispiele sind Kokos- und Palmkernfett, aber auch Schweineschmalz sowie Rindertalg. Fette mit ungesättigten Fettsäuren dagegen sind überwiegend gelblich und geschmeidig (Pflanzenmargarine), je nach Anteil der ungesättigten Fettsäuren sind sie flüssig. Sie werden dann als Öle bezeichnet. Manche Öle werden schon bei Kühlschranktemperatur dickflüssig bis gallertig und undurchsichtig (Olivenöl), bei Zimmertemperatur sind sie aber flüssig und transparent. Tierische Fette enthalten überwiegend gesättigte Fettsäuren mit kurzen und langen Fettsäureketten. Sie sind für unsere Ernährung ungünstig, weil sie mit Cholesterin vergesellschaftet sind und den Blutfettspiegel erhöhen können. Eine Ausnahme bilden manche Fischöle: Sie sind reich an mehrfach ungesättigten Fettsäuren (Omega-3-Fettsäuren, z.B. Eicosapentaensäure, 20 C-Atome, 5 Doppelbindungen) und deshalb diätetisch besonders wertvoll. Auch Butter – lange Zeit wegen hohem Cholesteringehalt verteufelt – gilt heute (in Maßen genossen) als günstiges Fett, weil die kurzkettigen Fettsäuren des Milchfettes einen niedrigen Schmelzpunkt haben und deshalb besonders bekömmlich sind. Bei den pflanzlichen Fetten überwiegt der Anteil an ungesättigten Fettsäuren. Sie wirken erhöhten Blutfettgehalten entgegen und sind gut bekömmlich. Sogenannte Diätfette und -öle sind rein pflanzlich, cholesterinfrei und zeichnen sich durch einen besonders hohen Gehalt an essentiellen Fettsäuren aus. Auch bei den Pflanzenfetten gibt es Ausnahmen: Kokos- und Palmkernfett, aus denen Bratfette, Platten- und Fritierfette hergestellt werden, sind reich an gesättigten Fettsäuren und in ihrer Wirkung auf erhöhte Blutfettspiegel vergleichbar mit Speck oder Rindertalg.

Essentielle Fettsäuren

Die für den Menschen lebenswichtigen Fettsäuren sind die Omega-6-Fettsäuren, zu denen die zweifach ungesättigte Linolsäure (18 C-Atome, 2 Doppelbindungen), die dreifach ungesättigte Gamma-Linolensäure (18 C-Atome, 3 Doppelbindungen) und die vierfach ungesättigte Arachidonsäure (20 C-Atome, 4 Doppelbindungen) gehören. Letztgenannte kann unser Körper allerdings aus Linolsäure selbst herstellen, sodass sich die bedarfsdeckende Zufuhr auf die Linol- und Linolensäure beschränkt. Ölsäure ist zwar nicht essentiell, die Zufuhr ist jedoch wünschenswert, weil diese Fettsäure neuesten Forschungsergebnissen zum Schutz vor Herz-Kreislauf-Erkrankungen und Herzinfarkt beiträgt. Die sogenannte „mediterrane" Kost gilt wegen ihres hohen Anteils an Pflanzenkost, Seefisch und Olivenöl als besonders empfehlenswert, um das Herz zu schützen und das Immunsystem zu stärken. Auch die in Kaltwasserfischen enthaltene Eicosapentaensäure, eine nichtessentielle, mehrfach ungesättigte Omega-3-Fettsäure, wirkt schützend auf Herz und Gefäße. Sie verbessert die Fließeigenschaften des Blutes, senkt seine Viskosität, hemmt die Verklumpung der Blutplättchen und wirkt so Gefäßablagerungen und Gefäßverengungen entgegen. Die Essentialität einer Fettsäure allein macht also nicht den gesundheitlichen Wert eines Fettes oder Öles aus. Neben den essentiellen Fettsäuren sollten wir deshalb auch die schützenden Fettsäuren zu uns nehmen, wie sie in Olivenöl und Kaltwasserfischen (Makrele, Hering, Lachs) enthalten sind.

Die Deutsche Gesellschaft für Ernährung empfiehlt, mindestens 3,5 Prozent der Gesamtenergie durch essentielle Fettsäuren zuzuführen. 1 Gramm essentielle Fettsäuren liefert etwa 6,6 kcal. Daraus lässt sich die empfohlene Zufuhr errechnen: Bei 2200 kcal pro Tag sollten 3,5 Prozent d.h. 77 kcal durch essentielle Fettsäuren gedeckt werden. Das ergibt eine Zufuhr von 11,7 Gramm essentieller Fettsäuren. Reich an essentiellen Fettsäuren sind Pflanzenmargarine, Pflanzenöle (z.B. Sonnenblumenöl, Sojaöl, Distelöl) sowie Keimlinge und Samen.

Gehalt verschiedener Fette und Öle an mehrfach ungesättigten Fettsäuren (MUF) in Prozent bezogen auf den Gehalt an Gesamtfettsäuren:

Fettart	*MUF*
Distelöl (Safloröl)	70–75 %
Sonnenblumenöl	60–70 %
Sojaöl	55–65 %
Baumwollsaatöl	42–48 %
Maiskeimöl	40–55 %
Erdnussöl	15–20 %
Hühnerfett	10–20 %
Palmöl	8–12 %
Olivenöl	6–10 %
Schweineschmalz	1–10 %
Hammeltalg	2– 5 %
Rindertalg	1– 2 %
Butterfett	0,5– 3 %

Quelle: Vollmer et alt.: Lebensmittelführer Band 2, Thieme Verlag Stuttgart

Der ernährungsphysiologische Wert eines Fettes oder Öls wird oft durch den **P/S-Quotienten** ausgedrückt. Er stellt das Verhältnis von mehrfach ungesättigten (engl: *polyunsaturated*) Fettsäuren zu gesättigten (engl: *saturated*) Fettsäuren dar und sollte über dem Wert 1 liegen. Das heißt, die Kost sollte mehr ungesättigte als gesättigte Fettsäuren aufweisen. Wenn die gesättigten Fettsäuren überwiegen, erhält man eine Zahl unter dem Wert 1. Beispiel: Schweineschmalz enthält 9,6 g mehrfach ungesättigte Fettsäuren (Linol- und Linolensäure) und 36,2 g gesättigte Fettsäuren (Palmitin und Stearinsäure). Es ergibt sich ein P/S-Quotient von 9,6 : 36,2 = 0,27. Pflanzenmargarine enthält im Durchschnitt 25,5 Gramm ungesättigte Fettsäuren und 15,6 g gesättigte Fettsäuren, daraus ergibt sich ein P/S-Quotient von 1,6. Der Wert liegt über 1, das Produkt ist als günstig zu beurteilen. Noch besser schneiden die meisten Pflanzenöle ab.

Die Tabelle auf der rechten Seite zeigt deutlich, dass die Pflanzenöle sich nicht nur in ihren Fettsäuregehalten unterscheiden, sondern dass auch die Gehalte am fettlöslichen Vitamin E sehr unterschiedlich hoch sind. Nicht zuletzt bestimmt auch der Vitamin-E-Gehalt die empfohlene Verwendung in der Küche. Vitamin E ist licht-, sauerstoff- und wärmeempfindlich. Öle mit hohen Vitamin-E-Gehalten sollte man daher dunkel und gut verschlossen aufbewahren und nicht hoch erhitzen. Walnussöl enthält nur wenig Vitamin E. Da es aber einen ausgeprägten Eigengeschmack besitzt, wird es vorwiegend in der kalten Küche verwendet.

Fettsäurezusammensetzung, Vitamin-E-Gehalt und die Verwendung verschiedener Speiseöle in der Küche

Speiseöl	*Gesättigte Fettsäuren*	*Einfach ungesätt. Fettsäuren*	*Mehrfach ungesätt. Fettsäuren*	*Vitamin -E-Gehalt (100 g)*	*Verwendung*
Distelöl	8,6%	12,0%	75,3%	44,5 mg	Salate, kalte Vorspeisen, Dips
Leinöl	9,6%	18,2%	68,1%	5,8 mg	Salate, Quarkdips
Maiskeimöl	12,9%	29,0%	53,2%	33,8 mg	Salate, warme Küche
Olivenöl	13,5%	73,7%	8,9%	12,1 mg	Salate, Einlegen von Käse und Gemüse, warme Küche
Rapsöl	6,6%	64,1%	33,3%	22,8 mg	Salate, warme Küche
Sesamöl	12,4%	40,3%	42,7%	3,5 mg	Salate, kalte Vorspeisen, Süßspeisen
Sojaöl	13,6%	20,6%	61,9%	17,0 mg	Salate, Einlegen, Dips, warme Küche
Sonnenblumenöl	10,6%	22,4%	63,1%	62,5 mg	kalte und warme Küche
Traubenkernöl	8,9%	16,7%	6,4%	32,0 mg	Salate, kalte Küche
Walnussöl	*	15,8%	71,3%	3,3 mg	Salate, kalte Küche
Weizenkeimöl	17,4%	15,6%	64,2%	175,0 mg	Salate, kalte Vorspeisen

*) keine Angabe

Quelle: DGE-Info 8/99 Seite 115

Schmelz- und Rauchpunkt von Fetten und Ölen

Unter dem Schmelzpunkt versteht man bei festen Fetten (Butter, Margarine, Bratfette, Fritierfette, Schmalz) die Temperatur, bei der sie flüssig werden. Bei Ölen, die ohnehin schon flüssig sind, ist der Schmelzpunkt schwieriger zu definieren. Manche kalt gepressten Öle (Olivenöl) sind bereits bei Kühlschranktemperatur (ca. 10 °C), dickflüssig, während andere bereits flüssig sind. Ihr Schmelzpunkt ist äußerst niedrig (z. B. bei Olivenöl liegt er bei 13 °C). Butter und Margarine schmelzen auch bei relativ niedrigen Temperaturen. Da sie etwa 20 Prozent Wasser enthalten, sollte man sie nicht über 100 °C erhitzen, da dann das Wasser verdampft, das Fett in der Pfanne spritzt und verbrennen kann. Zum Backen sind sie aber gut geeignet, da im Teig keine Temperaturen über 100 °C entstehen und das Fett mit anderen Teigzutaten eine Emulsion bildet sowie beim Backen feste Verbindungen eingeht. Wasserfreie Fette und die meisten Öle kann man viel höher als 100 °C erhitzen. Bratfette sollten einen Rauchpunkt von über 160 °C haben. Es ist genau die Temperatur, bei der das heiße Fett in der Pfanne zu rauchen beginnt. Es entwickelt sich dann ein stechender Geruch, das Fett wird bitter und braun. Generell sollte man vermeiden, dass das Fett so stark erhitzt wird. Es gibt für hohe Temperaturen, wie man sie zum Fritieren braucht, Spezialfette von neutralem Geschmack. Ihr Rauchpunkt liegt über 210 °C, das Fett sollte auch zum Erhitzen über eine längere Zeit (z. B. 10 Minuten) geeignet sein. Außer den Spezialfetten ist auch Erdnussöl zum Fritieren gut geeignet. Fritierfett kann man mehrmals verwenden, sofern man es jedesmal durch ein mit Küchenpapier ausgelegtes Metallsieb oder durch eine Kaffeefiltertüte gießt und so von Verbrennungsrückständen reinigt. Wenn das Fett aber schon bräunlich aussieht, nicht mehr ganz fest wird (Wassergehalt!) oder gar ranzig riecht, muss man unbedingt frisches verwenden. Fritierfette müssen über den Sondermüll entsorgt werden!

Tipps für die Verwendung von Fetten und Ölen in der Küche

- Fette stets dunkel, verschlossen und kühl aufbewahren. Mindesthaltbarkeitsdatum beachten. Ein sauberes Messer oder einen Löffel benutzen.

- Auch Öle stets dunkel, verschlossen und kühl aufbewahren. Olivenöl, das im Kühlschrank dickflüssig wird, etwa 20 Minuten vor der Verwendung aus dem Kühlschrank nehmen und Zimmertemperatur annehmen lassen. Es lässt sich im flüssigen Zustand einfacher und sparsamer dosieren.

- Kalt gepresste Öle werden rasch ranzig, daher sollte man bitte diese hochwertigen Öle nur in kleinen Mengen kaufen und innerhalb von 4–8 Wochen aufbrauchen sowie kühl lagern.

- Öle und Fette nicht überhitzen! Dabei kommt es zur Bildung von Zersetzungsprodukten, die außerdem gesundheitsschädlich sind und sogar krebserregend wirken können.

- Vitamin E ist ein Radikalfänger und schützt die Doppelbindungen der Fettsäuren vor dem Angriff und der Oxidation durch Sauerstoff bzw. vor dem Ranzigwerden. Vitamin E ist von Natur aus in Pflanzenölen enthalten. Es ist sehr empfindlich, deshalb unbedingt Öle richtig (kühl, dunkel, kurzfristig) lagern. Durch Erhitzen wird Vitamin E zerstört.

MCT-Fette

Eine besondere Bedeutung in der Diätetik haben Fette mit mittelkettigen Fettsäuren (MCT- Fette, engl: *medium chaine triglycerides*). Diese Fette haben Fettsäuren mit einer Kettenlänge von 6 bis 12 Kohlenstoff-Atomen. Sie unterliegen einem anderen Resorptionsmechanismus als die längerkettigen Fettsäuren und werden unabhängig von Pankreaslipase sowie Gallensäuren resorbiert. Außerdem werden sie nicht gespeichert, sondern durchweg zur Energiegewinnung genutzt. Deshalb finden sie Einsatz in der Diätetik bei gastroenteralen Krankheiten und operativen Eingriffen in das Verdauungssystem. MCT-Fette liefern mit durchschnittlich 8,2 kcal pro Gramm geringfügig weniger Energie als Fette mit längerkettigen Fettsäuren (9,3 kcal pro Gramm). Die handelsüblichen MCT-Fette enthalten etwa 3 Prozent Linolsäure, um bei einer längeren Verabreichung einem Mangel an essentiellen Fettsäuren vorzubeugen. Von den natürlichen Nahrungsfetten sind Butter und Kokosfett reich an MCT. Der Ersatz von Fett mit langkettigen Fettsäuren durch MCT muss langsam und schrittweise erfolgen, weil ein unvermittelter Ersatz zu Beschwerden führen kann. Mengen von 1 Gramm MCT pro Kilogramm Körpergewicht werden im allgemeinen gut vertragen. MCT-Fette sollten nicht über 200 °C erhitzt werden.

Das Angebot von Nahrungsfetten im Handel

Das grosse Angebot an Nahrungsfetten erlaubt es, für jeden Zweck das richtige Fett zu wählen. Die entscheidenden Kriterien bei der Wahl eines Fettes sind Geschmack, Gesundheitswert, Schmelz- und Rauchpunkt, außerdem spielen Preis und Haltbarkeit eine gewisse Rolle.

Tierische Fette

1. Butter

Butter wird durch das Schlagen von süßem oder gesäuertem Rahm gewonnen. Wir unterscheiden Süßrahmbutter, Sauerrahmbutter und mildgesäuerte Butter. Bei mildgesäuerter Butter, die es erst seit 1989 im Handel gibt, wird Süßrahmbutter nachträglich gesäuert. Der Geschmack von Süßrahmbutter ist vollmundig, rund und sahnig. Sie eignet sich vorzüglich für die Zubereitung von Sauce Hollandaise, da sie nicht ausflockt. Sauerrahm- und mildgesäuerte Butter haben einen besonders frischen, leicht nussartigen Geschmack. Wird der Butter mehr als 0,1 Prozent Kochsalz zugesetzt, handelt es sich um „gesalzene Butter". Der Salzgehalt darf bis zu 1,5 Prozent betragen. Außerdem gibt es Butterzubereitungen mit Kräutern, Gewürzen und anderen würzenden Zutaten wie Knoblauch, Pfefferkörner, Sardellenpaste etc. Butter wird als Brotaufstrich, zum Kochen, Dünsten, Braten und zum Backen verwendet. Da sie einen niedrigen Rauchpunkt hat, verbrennt sie schnell. Sie wird braun und schmeckt dann bitter. Butter enthält etwa 17 Prozent Wasser und ist schon von daher nicht für hohe Temperaturen geeignet. Ideal ist sie zum Dünsten und für die Zubereitung von Eierspeisen, die bei mäßiger Hitze zubereitet werden (Spiegeleier, Rühreier, Omelettes). Der feine Buttergeschmack gehört außerdem ins Kartoffelpüree, zu Nudeln, Fisch und Gemüse. 100 Gramm Butter enthalten 754 kcal.

2. Milchhalbfett („Halbfettbutter")

Sie wird aus Butter hergestellt und enthält halb so viel Fett wie diese (ca. 41 Prozent). Entsprechend hoch ist der Wassergehalt, der durch Gelatine und andere Binde- oder Quellmittel gebunden wird. Meist wird auch Kochsalz und Milcheiweiß zugesetzt. Milchhalbfett ist als kalorienreduziertes Aufstrichfett konzipiert. Zum Kochen, Braten und Backen ist es nicht geeignet, weil es beim

Erhitzen spritzt (Wasser verdampft!), wohl aber zum Verfeinern von Nudeln, Kartoffelpüree und Gemüse, da es erst nachträglich, d.h. nach dem Garen, zugesetzt wird. 100 Gramm Milchhalbfett enthalten 385 kcal.

3. Butterschmalz

Es wird durch Schmelzen von Butter und durch anschließendes Zentrifugieren hergestellt. Dabei werden Wasser, Milcheiweiß und Milchzucker vom Butterfett getrennt. Das verbleibende flüssige Butterfett enthält noch eine kleinen Rest Wasser, der durch das Erhitzen auf 100 °C verdampft. Übrig bleibt Butterschmalz mit einem Butterfettgehalt von 99,8 Prozent. Im Gegensatz zu Butter ist Butterschmalz auch für hohe Temperaturen geeignet. Es wird deshalb zum Fritieren sowie zum Braten verwendet und verleiht den Speisen den unnachahmlichen Buttergeschmack. Butterschmalz ist aufgrund seines Fettsäuremusters und seines niedrigen Schmelzpunktes bekömmlicher als andere Brat- sowie Fritierfette. Es ist ungekühlt lange haltbar und aufgrund seines höheren Fettgehalts um 20 Prozent ergiebiger als Butter. Man braucht also zum Backen und Braten weniger Butterschmalz als zum Beispiel Butter oder Margarine, dafür aber etwas mehr Flüssigkeit. 100 Gramm Butterschmalz liefern umgerechnet 897 kcal.

4. Schmalz (Schweine- und Gänseschmalz)

Es wird durch Ausbraten von Schweineflomen (sog. Schweine- und Griebenschmalz) oder dem Brust- und Eingeweidefett von Gänsen (Gänseschmalz) gewonnen. Schweineschmalz wird überwiegend zum Braten verwendet. Eine besondere Rezeptur ist das Griebenschmalz, es enthält knusprige Speckwürfel und wird zusammen mit Äpfeln und Zwiebeln ausgelassen, gewürzt und als Brotaufstrich serviert. Ein französische Spezialität aus Schweineschmalz ist Rillette. Auch Gänseschmalz dient überwiegend als Brotaufstrich, es wird aber auch gerne für klassische Sauerkrautgerichte verwendet. Da es schon bei 25 °C flüssig wird und schlecht haltbar ist, setzt man etwa 10 Prozent Schweineschmalz zu. Dieser Zusatz ist deklarationspflichtig. Schweineschmalz liefert pro 100 Gramm 898 kcal, Gänseschmalz 896 kcal.

5. Rindertalg

Er hat für unsere Küche heute kaum noch bzw. nur noch eine untergeordnete Bedeutung. Er wird vor allem aus dem Rindernierenfett gewonnen, dann lässt er sich schön weiß und gut verarbeiten. In dieser Form wird er für die Herstellung von Pasteten und Blätterteig (als Bestandteil von Ziehmargarine) verwendet sowie für regionale Spezialrezepte wie zum Beispiel für den englischen Plumpudding.

Pflanzliche Fette

1. Pflanzenmargarine

Margarine wurde vor über 100 Jahren „erfunden“ und sollte ursprünglich ein billiger Butterersatz sein. Der Prototyp für die feine Küche war „Rama“, ein Produktname der an „Rahm“ erinnern sollte. Margarine enthielt zunächst 20 bis 25 Prozent Rindertalg in streichfähiger Form, der Rest verteilte sich auf Pflanzenfett und Wasser. Mittlerweile hat sich die Margarine zu einem eigenständigen Lebensmittelsektor mit großer ernährungsphysiologischer Bedeutung entwickelt. Es gibt eine Vielzahl von Margarinesorten, die heute überwiegend rein pflanzlicher Natur sind. Der Vollständigkeit halber werden nachfolgend alle gängigen Sorten aufgeführt und kurz erläutert.

▶ *Standardmargarine*

Sie besteht aus tierischen und pflanzlichen Fetten, die beide teilweise gehärtet sind. Sie wird zum Kochen, Braten sowie zum Backen eingesetzt und verträgt aufgrund ihrer Fettzusammensetzung auch höhere Temperaturen. Es ist die einfachste und billigste Sorte und vom Gesundheitsnutzen her nicht zu empfehlen. Beachten Sie die Zutatenliste und wählen Sie nur reine Pflanzenmargarinen ohne Zusatz von tierischen Fetten. Heute hat die Standardmargarine keine Marktbedeutung mehr.

▶ *Pflanzenmargarine*

Sie enthält 80 Prozent Fett und rund 20 Prozent Wasser. Ihr Fett muss zu mindestens 97 Prozent aus pflanzlichen Fetten stammen und mindestens 15 Prozent der Fettsäuren müssen auf Linolsäure entfallen. Bei einem Linolsäureanteil von mindestens 30 Prozent an den Gesamtfettsäuren darf sich die Margarine „linolsäurereich“ nennen. Der Zusatz von Milcheiweiß, Vitaminen, Emulgatoren (Sojalecithin), Salz und Säuerungsmitteln (Zitronensäure) ist gestattet und deklarationspflichtig. Die Pflanzenmargarine ist der Prototyp der modernen Margarinesorten, doch gibt es innerhalb dieser Gruppe große Unterschiede. Die Zutaten sind in veränderlichen Gewichtsanteilen pflanzliche Öle sowie pflanzliche Fette verschiedener Herkunft, die zum Teil (chemisch) gehärtet sind. Die chemische Härtung von Fett bewirkt eine teilweise Umwandlung der ungesättigten Fettsäuremoleküle in gesättigte, welche gesundheitlich genauso zu beurteilen sind wie die natürlich vorkommenden gesättigten Fettsäuren. Außerdem entstehen bei der chemischen Fetthärtung die sogenannten Trans-Fettsäuren, das sind umgelagerte ungesättigte Fettsäuren, die im Gegensatz zur Ursprungssubstanz keine blutfettsenkende Wirkung aufweisen. Die chemische Härtung von Fett beeinträchtigt also den Gesundheitswert von Pflanzenmargarine.

▶ *Margarine von einer Pflanzenart*
Stammt das verwendete Öl oder Fett von nur einer Pflanze (z. B. von Sonnenblumenkernen), dann darf die Margarine den oben angegebenen Namen tragen. Sie heißt dann „Sonnenblumenmargarine". Alle handelsüblichen Sonnenblumenmargarinen sind empfehlenswert bis sehr empfehlenswert, da trotz der teilweisen Fetthärtung noch ein hoher Gehalt an ungesättigten Fettsäuren vorhanden ist. Grund: Sonnenblumenöl enthält von Natur aus reichlich ungesättigte Fettsäuren, sodass durch die Fetthärtung nur ein relativ kleiner Teil verlorengeht.

▶ *Reformmargarine*
Diese Pflanzenmargarinen bestehen aus pflanzlichen Ölen sowie Fetten und zeichnen sich durch den Zusatz nicht chemisch gehärteter Pflanzenfette aus. Die Streichfähigkeit und die typische Margarinekonsistenz wird durch Beimengung von harten pflanzlichen Fetten (Kokosfett, Palmkernfett) erreicht. Vom gesundheitlichen Standpunkt aus sind diese harten Fette gleich zu bewerten wie die chemisch gehärteten Fette, denn sie enthalten viele gesättigten Fettsäuren und erhöhen so den Cholesterinspiegel. Es kommt allerdings auf die zugesetzen Mengen dieser harten Fette an. Die Beurteilung von handelsüblichen Produkten reicht von nicht empfehlenswert bis sehr empfehlenswert. Beachten Sie die Zutatenliste auf der Packung, so erhalten Sie die für Sie wichtigen Informationen.

▶ *Diätmargarine*
Sie unterliegt den Forderungen der Diätverordnung und wird für bestimmte diätetische Zwecke bzw. bei ernährungsbedingten Krankheitsbildern eingesetzt. Von besonderer Marktbedeutung sind Diätmargarinen für eine natriumarme und streng natriumarme Kost sowie für Erzeugnisse, die einem hohen Blutfett- und Cholsterinspiegel entgegen wirken sollen. Einen Natriumarme Diätmargarine darf maximal 120 mg Natrium pro 100 Gramm enthalten, streng natriumarme Sorten nur höchstens 40 Milligramm Natrium pro 100 Gramm Margarine. Diätmargarine mit mindestens 50 Prozent mehrfach ungesättigten Fettsäuren wird bei hohen Blutfettwerten und erhöhtem Cholesterinspiegel empfohlen. Der diätetische Nutzen von Diätmargarinen ist aber nur dann effektiv, wenn die Ernährung insgesamt auf das Krankheitsbild eingestellt wird.

▶ *Halbfettmargarine*

Sie enthält nur halb soviel Fett wie herkömmliche Margarinesorten und auch nur halb soviele Kalorien. Sie werden aus pflanzlichen Ölen und Fetten hergestellt, die z. T. gehärtet sind, außerdem werden Wasser, entrahmte Milch oder Dickmilch, Emulgatoren, Vitamine sowie natürliche Farbstoffe (Karotin) zugesetzt. Halbfettmargarinen gibt es auch für diätetische Zwecke: Sie enthalten 50 Prozent ungesättigte Fettsäuren gemessen am Gesamtfettsäuregehalt, und sie sind cholesterinfrei, natriumarm sowie frei von Milcheiweiß. Letzteres ist für Milcheiweiß-Allergiker von Bedeutung. Aufgrund des hohen Wassergehalts sind Halbfettmargarinen nicht zum Braten geeignet. Sie sind auch gekühlt sehr geschmeidig und weich, was einen äußerst sparsamen Verbrauch beim Aufstreichen zulässt. Für eine fett- und kalorienkontrollierte Ernährung ist Halbfettmargarine sehr sinnvoll. Natürlich gilt auch hier der Grundsatz, den Fettkonsum auch anderweitig zu reduzieren und generell nur „gesunde" Fette zu verwenden.

▶ *Pflanzenfettcreme*

Dabei handelt es sich wie bei der Margarine um eine Wasser-in-Fett-Emulsion. Die cremige Konsistenz erreicht man durch den hohen Anteil mehrfach ungesättigter Fettsäuren (50 bis 55 Prozent) im Verhältnis zum festen Anteil des Fettes. Die Fettcreme hat einen besonders niedrigen Schmelzpunkt und wird als ernährungsphysiologisch bzw. diätetisch sehr günstig eingestuft. In der Küchenpraxis wird sie gerne verwendet. Sie ist auch gekühlt stets flüssig-cremig, lässt sich sehr fein dosieren, ist geschmacksneutral, leicht verdaulich und eignet sich besonders zum Dünsten, Abschmelzen (Verfeinern von Gemüse, Kartoffelpüree etc.). Eine Fett-Mehl-Bindung („Mehlbutter") lässt sich damit mühelos und klumpenfrei herstellen. Durch Verwendung dieser Fettart vermeidet man bei cremigen Saucen und Suppen die unerwünschte Hautbildung auf der Oberfläche, die beim längeren Stehenlassen bzw. beim Erkalten zu beobachten ist. Pflanzenfettcreme hat eine besondere Bedeutung in der Gastronomie und in der gehobenen Küche.

2. Pflanzenöle

Pflanzenöle erhält man in großer Auswahl und verschiedenen Qualitätstufen im Handel. Man unterscheidet sie nach ihrer Herkunft. Steht auf dem Etikett lediglich Tafel-, Salat- oder Pflanzenöl, so handelt es sich um ein Öl, das aus verschiedenen Pflanzenölen gemischt ist. Der Hauptanteil ist stets Sojaöl. Ein weiteres Unterscheidungsmerkmal für Öle ist die Herstellung: Öle werden durch Heiß- oder Kaltpressung gewonnen. Bei der Heißpressung werden die Ölfrüchte oder -saaten zunächst erhitzt und das Öl durch Extraktion mit einem Lösungsmittel herausgelöst. Anschließend wird es gereinigt (raffiniert) und unerwünschte Begleitstoffe wie Schwermetalle, Rückstände von Pflanzenschutzmitteln, Trübstoffe sowie anderes entzogen, bis schließlich ein nahezu geruchloses, geschmacksneutrales sowie klares Öl mit guter Haltbarkeit zurückbleibt. Solche Öle sind preiswert und sehr vielseitig verwendbar, wertvolle Vitamine werden allerdings durch die Hitzebehandlung teilweise zerstört. Ein wesentlich schonenderes Verfahren der Ölgewinnung ist die Kaltpressung. Das Auspressen der Ölfrüchte und -saaten erfolgt ohne Erhitzung, allerdings entstehen durch den mechanischen Pressvorgang Temperaturen um 40 °C. Das gewonnene Öl wird gewaschen, mit Wasserdampf behandelt und dann abgefüllt. Das typische Aroma, die Farbe und der charakteristische Geruch des Öles bleiben erhalten, ebenso auch die wertvollen Vitamine. Eine chemische Behandlung kalt gepresster Öle ist nicht gestattet. Verständlicherweise erhält man mit der Kaltpressung eine deutlich geringere Ölausbeute. Die Öle sind deshalb erheblich teurer als die durch Heißpressung gewonnenen. Kaltgepresste Öle sollten nicht lange und nicht hoch erhitzt werden, da die typischen natürlichen Bestandteile dadurch zerstört werden. Am besten verwendet man kaltgepresste Öle nur für kalte Speisen, da ihr Geschmack nur so richtig zur Geltung kommt. Sie sind nicht so lange haltbar wie andere Öle. Im Kühlschrank kristallisieren sie aus und werden gallertig. Bei Zimmertemperaturen sind sie flüssig und klar, sollten aber dennoch rasch verbraucht werden.

▶ *Samenöle*

Der wichtigste Vertreter ist das Sojaöl mit weltweit der größten Bedeutung unter den Pflanzenölen. Es ist mild im Geschmack, in der Küche sehr vielseitig verwendbar und darüber hinaus preiswert. Sojaöl gibt es auch kaltgepresst, dann ist es ist allerdings recht teuer, da die Ausbeute aufgrund des geringen Fettgehalts der Sojabohne sehr schlecht ist. In der gesundheitlichen Wertigkeit schneidet auch das heißgepresste Sojaöl sehr gut ab, denn es ist von Natur aus reich an mehrfach ungesättigten Fettsäuren. Sojaöl ist Hauptbestandteil von Pflanzenölen, die nicht von einer einzigen Pflanzenart stammen. Diese Öle haben deshalb trotz ihres niedrigen Preises eine gute Qualität. Noch besser ist natürlich das reine Sojaöl. Zu den Samenölen zählt auch das Sonnenblumenöl. Es wird aus Sonnenblumenkernen gewonnen und ist in der Küche vielseits verwendbar. Das Öl wird auch kaltgepresst und aus biologisch kontrolliertem Anbau angeboten. Leinöl wird aus Leinsamen gewonnen und nur kaltgepresst verkauft. Es ist besonders würzig, wird aber durch längere Lagerung leicht bitter und aufgrund seines Gehaltes an Phosphatiden und Schleimstoffen trübe. Distelöl, auch Safloröl genannt, gilt als das hochwertigste Pflanzenöl überhaupt, da diesen den höchsten Gehalt an Linolsäure aufweist. Es wird überwiegend kaltgepresst angeboten und wird als Diätöl in der kalten Küche verwendet dieser Form schlecht lagerfähig ist, kommt es auch als heißgepresstes und raffiniertes Öl in den Handel und ist so natürlich nicht mehr ganz so wertvoll. Das Öl ist extrem lichtempfindlich und wird deshalb in Lichtschutzflaschen abgefüllt. Das Mindesthaltbarkeitsdatum ist unbedingt zu beachten. Auch Rapsöl zählt zu den Samenölen. Es schmeckt frisch und mild, ist sehr hitzebeständig und daher vielseitig einsetzbar. Es empfiehlt sich aufgrund seines hohen Gehaltes an einfachen ungesättigten Fettsäuren und seines günstigen Fettsäuremusters insgesamt (ca. 10 Prozent Omega-3-Linolensäure!) auch für diätetische Zwecke.

▶ *Keimöle*

Sie werden nicht aus den ganzen Samen, sondern aus den fettreichen Keimlingen von Pflanzen gewonnen. Besonders wertvoll ist Weizenkeimöl, das reich an Vitamin E und an mehrfach ungesättigten Fettsäuren ist. Es wird überwiegend kaltgepresst angeboten und hat den typischen Geschmack sowie den Geruch von Getreidekörnern. Seine Farbe ist goldgelb. Maiskeimöl ist tiefgelb und neutral im Geschmack. Es ist ebenfalls reich an mehrfach ungesättigten Fettsäuren, kommt aber überwiegend heißgepresst auf unseren Markt und ist deshalb für die kalte und warme Küche gleichermaßen gut geeignet.

▶ *Olivenöl*

Seine Herstellung ist im Olivenöl-Übereinkommen von 1979 geregelt, das auch für alle EU-Mitgliedstaaten Gültigkeit hat. Ausgangsbasis sind die ölreichen Früchte des Olivenbaumes. Für die Ölgewinnung werden nur bestimmte Olivensorten bevorzugt, die grün geerntet werden. Daraus gewinnt man Olivenöl, das in drei Qualitätsklassen eingeteilt wird: in natives, raffiniertes und reines Olivenöl. Natives Olivenöl gibt es in den Abstufungen extra, fein und mittelfein. Dieses Öl darf nur durch mechanisches Kaltpressen gewonnen werden. Es darf danach nicht raffiniert werden, sondern wird lediglich gewaschen, filtriert und dann abgefüllt. Am besten ist Olivenöl in der Qualität „extra". Es wird auch als Jungfernöl bezeichnet *(„olio virgine")* und stammt aus der allerersten Pressung. Es ist schwachgrün, schmeckt typisch fruchtig und enthält kaum freie Fettsäuren. Öle aus den nachfolgenden Pressungen sind kräftiger im Aroma, stärker grünlich (durch den erhöhten Chlorophyllgehalt) und reicher an unerwünschten freien Fettsäuren. Generell enthält Olivenöl einen hohen Anteil an der einfach ungesättigten Ölsäure. Auch diese Fettsäure hat eine blutfettsenkende und herzschützende Wirkung, wenn auch nicht in dem Ausmaß wie die zweifach ungesättigte Linolsäure oder die dreifach ungesättigte Linolensäure. Olivenöle werden wegen ihres unvergleichlichen Aromas vorwiegend in der kalten Küche eingesetzt. Sie sind ganz typisch für italienische, griechische und türkische Rezepte bzw. für die mediterrane Küche. Als reines Olivenöl darf jedes genusstaugliche Olivenöl bezeichnet werden. Meist handelt es sich dabei um raffinierte Olivenöle oder um Mischungen von raffinierten und nativen Sorten.

▶ *Spezialöle*

Walnusskern-, Kürbiskern-, Traubenkern-, Baumwollsaat-, Erdnuss-, Sesam- und Rapsöl sind ebenfalls im Handel erhältlich. Viele der neutral schmeckenden Öle werden für die Margarineherstellung verwendet, so vor allem Baumwollsaat-, Raps- und Erdnussöl. Bei den anderen Ölen steht der typische Geschmack im Vordergrund, Walnuss-, Kürbiskern-, Traubenkern- und Sesamöl werden deshalb überwiegend in der gehobenen Küche verwendet. Um den Geschmack und die jeweils typische Farbe dieser hochwertigen und teuren Öle zu bewahren, sind diese als kaltgepresste Erzeugnisse im Handel. Ihren Einsatz finden sie hauptsächlich in der kalten Küche, so zum Beispiel für feine Salatdressings, Marinaden, Saucen und Dips.

▶ *Sojaöl*

Dabei handelt es sich um das weltweit wichtigste Speiseöl. So klein und unscheinbar die Sojabohne auch aussieht, in ihr steckt ein Nährstoffreichtum, der in der Natur seinesgleichen sucht. Sie gilt weltweit als die wichtigste Wirtschaftspflanze: Mit rund 20 Prozent Fett, 40 Prozent Eiweiß, allen 8 essentiellen Aminosäuren und 25 Prozent Kohlenhydraten liefert die Sojabohne die Hauptbausteine der menschlichen Ernährung. Vor allem als Eiweiß- und Fettlieferant ist sie für die Nahrungsmittelindustrie und für die Ernährung der zunehmenden Weltbevölkerung unverzichtbar. Die wichtigsten Sojabohnen-Anbauländer und damit Importpartner sind für Deutschland die USA, Argentinien sowie Brasilien, kleinere Importe kommen aus China sowie anderen, vorwiegend asiatischen Ländern. Mengenmäßig gesehen, hat Sojaöl auch in der Gemeinschaftsverpflegung seit Jahren die Nase vorn. Es erfüllt wie kein anderes Speiseöl die Anforderungen, die ernährungs- und kostenbewusste Großverpfleger an ein Nahrungsfett stellen: Sojaöl ist natürlich und rein, reich an mehrfach ungesättigten Fettsäuren sowie fettlöslichen Vitaminen, es ist gut bekömmlich und aufgrund seines neutralen Geschmacks sowie Geruchs vielseitig verwendbar. Ob in der kalten oder in der warmen Küche, Sojaöl ist ein Universalöl, auf das heute keine moderne Großküche verzichten möchte. Abgesehen von den universellen Einsatzmöglichkeiten bietet Sojaöl noch weitere Pluspunkte. Es ist gut lagerbar und besonders preiswürdig.

Vorteile von Sojaöl auf einen Blick.

- Sojaöl ist reich an ungesättigten Fettsäuren (durchschnittlich 61 Prozent) und fettlöslichen Vitaminen, deshalb gesundheitlich wertvoll,
- leicht und bekömmlich,
- geschmacks- und geruchsneutral, bringt deshalb den Eigengeschmack der Speisen voll zur Geltung und rundet ihn ab; ideal auch zur Herstellung feiner Würz- und Kräuteröle, da die Aromastoffe sich richtig entfalten können,
- für die kalte und warme Küche gleichermaßen gut geeignet,
- leichtflüssig, daher sparsam und gut zu dosieren; ideal zum sparsamen Einfetten von Blechen, Pfannen, Backformen oder zum Einölen von Fleisch und Fisch,
- hell und klar in der Farbe, daher optimal für helle Dressings und Emulsionen (Mayonnaise, Remoulade, Salatcremes) geeignet,
- hitzestabil bis 180 °C,
- hoch emulsionsfähig, daher ideal für die Mayonnaiseherstellung,
- gut lagerfähig (im ungeöffneten Originalbehälter bis zu 1 Jahr, im angebrochenen Behälter bis zu 3 Monaten bei kühler und dunkler Lagerung),
- besonders kostengünstig,
- über viele Markenhersteller beziehbar in verschiedenen Gebindegrössen,
- maßgeschneidert für den individuellen Bedarf.

Fettersatzstoffe

Etwa 38 bis 40 Prozent der Kalorien nehmen die Bundesbürger in Form von Fetten auf, empfehlenswert sind aber nur 25 bis 30 Prozent Fettkalorien. Trotz der bekannten Gesundheitsschäden, die auf das Konto unserer Fettliebe gehen, sind die Deutschen nur schwer dazu zu bewegen, ihren Fettverzehr auf ein vernünftiges Maß einzuschränken. Immerhin ist Fett ein wichtiger Geschmacksträger, denn sind doch die natürlichen Gewürze und Aromastoffe fettlöslich. Fett vermittelt auch eine ganz typische Sensorik im Mund, nämlich eine angenehme Geschmeidigkeit, die sich aus der feinen Verteilung der Fettkügelchen, ihrer Emulgierbarkeit und aus dem meist niedrigen Schmelzpunkt ergibt. Fett verleiht den Produkten außerdem ihre charakteristische Textur, nämlich die zarte, sahnig-cremige Konsistenz, die wir beispielsweise bei Cremespeisen, Desserts, Speiseeis, Joghurts, Frischkäsezubereitungen, Saucen, Dips sowie Mayonnaise sehr schätzen. Doch die meisten Menschen wissen überhaupt nicht, wieviel „unsichtbares" Fett in diesen Lebensmitteln steckt, und sie unterschätzen deshalb ihren Kaloriengehalt.

Stattliche zwei Drittel des gesamten Fettes stammen aus solchen Erzeugnissen, den Rest nehmen wir als „sichtbares" Fett zu uns (Aufstrich- und Bratfette, Öle, Schlachtfett, Fettränder an Fleisch und Schinken). Der Gesamtfettverbrauch ist in den letzten 20 Jahren in Deutschland um über 25 Prozent gestiegen. Schuld am Fettrekord ist der hohe Konsum von versteckten Fetten in Lebensmitteln, denen man ihren hohen Fettgehalt nicht ansieht, ihn aber sehr wohl schmeckt. Kein Wunder, dass die Lebensmittelindustrie rasch auf unsere steigende Sahne- und Fettliebe reagierte und dem erhobenen Zeigefinger der Ernährungswissenschaftler gekonnt die „Genuß ohne Reue"-Slogans ihrer Light-Produkte entgegensetzte. Den Light-Boom wollte sich kein Markenartikler entgehen lassen. Schließlich basteln zukunftsorientierte Lebensmitteltechnologen schon seit etwa 25 Jahren mit vielversprechenden Erfolgen daran, das Fett in den Lebensmitteln teilweise durch andere Stoffe zu ersetzen, die den Fetten sensorisch ähnlich sind, aber nicht ihre unerwünschten Eigenschaften, nämlich den hohen Kalorien- und Cholesteringehalt, aufweisen. Die Entwicklung auf diesem Gebiet ist soweit fortgeschritten, dass wir heute drei Substanzgruppen kennen, die bereits als Fettersatzstoffe zugelassen sind und verwendet werden oder deren Zulassung zumindest beantragt wurde. Wie so vieles im Lebensmittelbereich, kommen alle drei Substanzgruppen aus den USA:

1. Saccharosepolyester (SPE)

Bei Saccharosepolyester handelt es sich um Verbindungen zwischen Saccharose (Rohr- oder Rübenzucker) und Fettsäuren aus verschiedenen Ölen und Fetten. Dabei entscheidet der Anteil der Öle und Fette, ob flüssige oder feste Endprodukte entstehen: Wird vorwiegend Sojaöl mit einem hohen Anteil an Linolsäure (essentielle zweifach ungesättigte Fettsäure) zugesetzt, entsteht ein flüssiges, ölähnliches Endprodukt. Werden Fette mit langkettigen gesättigten Fettsäuren zugesetzt, ist das Endprodukt von fester

Konsistenz, es hat einen hohen Schmelzpunkt, Geschmack, Aussehen, Dichte sowie Nichtmischbarkeit mit Wasser entsprechen im wesentlichen tierischen Fetten mit gleichem Fettsäuremuster. Das bekannteste Produkt aus dieser Substanzgruppe ist OLESTRA, eine Verbindung zwischen Saccharose und den Fettsäuren von Sojabohnen-, Mais- und Baumwollsaatöl. Geschmacklich soll es zwischen SPE-Speisen und mit normalem Fett hergestellten Speisen keine Unterschiede geben. Gravierende Unterschiede gibt es allerdings bei der Verdauung und Resorption von SPE: Sie können nämlich von den Darmbakterien und den Enzymen der Verdauungssäfte nicht gespalten werden, sie sind deshalb unverdaulich und kalorienfrei. Daraus ergeben sich aber Beeinträchtigungen bei der Resorption fettlöslicher Vitamine sowie bei einigen Medikamenten. Kanzerogene oder andere toxische Wirkungen wurden zwar bislang nicht nachgewiesen, dennoch bringt der Verzehr von SPE andere unangenehme Begleiterscheinungen mit sich: Durch das unverdauliche Fett-Imitat wird der Stuhl schlüpfrig-flüssig und entweicht trotz eines geschlossenen Anal-Schließmuskels. *„Anal leakage"* nennt man diese peinliche Nebenwirkung in Fachkreisen, die die OLESTRA-Forschung mittlerweile bei ihren neuesten Substanzformen weitgehend beseitigt haben soll. Für OLESTRA ist die Zulassung als Lebensmittelzusatzstoff bei der amerikanischen FDA *(Food and Drug Administration)* beantragt. Vorgesehen ist, OLESTRA Salatölen und Speisefetten in festgelegten Anteilen beizumischen, um damit den Fett- und Kaloriengehalt der fertigen Speise zu senken, den Gehalt an essentiellen Fettsäuren und fettlöslichen Vitaminen aber dennoch zu gewährleisten. Durch diese Fettsubstitution könnte rein rechnerisch der Fettkonsum in den USA etwa um die Hälfte reduziert werden. Noch hat OLESTRA die Zulassung von der FDA nicht erhalten, denn der Protest vieler US-amerikanischer Verbraucherschutzorganisationen gegen das „Kunstfett" hält weiter an. Auch haben Umweltschützer berechtigte Bedenken gegen SPE: Im Gegensatz zu üblichen Fetten können diese Stoffe nicht biologisch abgebaut werden. Sie überstehen den Angriff von Sauerstoff, werden nicht ranzig und trotzen allen in der Natur vorkommenden Bakterien. Sie sind unbesiegbar und könnten daher zu einer zusätzlichen Belastung der Umwelt führen. Ob Essensreste oder Exkremente, SPE ist unverwüstlich, weil es künstlich ist!

2. Hydrolyseprodukte auf Kohlenhydratbasis

Die zweite Substanzgruppe, die Fett teilweise ersetzen kann, umfasst Hydrolyseprodukte, die auf Stärke sowie unverdaulicher Zellulose basieren und Gel-Charakter haben. Im Gegensatz zu den SPE haben diese Fettersatzstoffe, die im Grunde natürlichen Ursprungs sind, keine unangenehmen Begleiterscheinungen und sind auch ökologisch unbedenklich. Deshalb konnten sie sich bereits auf dem Markt etablieren und werden bei vielen „Light"-Produkten eingesetzt. Man verwendet sie vor allem für Milchprodukte, Kuchenfüllungen, Dressings, Mayonnaisen, Schmelz- und Frischkäsezubereitungen sowie fettreduziertes Speiseeis. Sie sollen den sahnigen Geschmack, die Cremigkeit und die Sensorik im Mund optimieren, natürlich alles bei reduziertem Fettgehalt. Aus dieser Substanzgruppe sind folgende Fettersatzstoffe von Bedeutung:

▶ *MALTRIN*

Basiert auf Maisstärke und ist ein Maltodextrin-Hydrolyseprodukt. MALTRIN hat pro Gramm Trockensubstanz 4 Kilokalorien und wird wie jedes andere Kohlenhydrat im Verdauungstrakt vollständig abgebaut und resorbiert. Es wird aufgrund seiner Gelbildung bevorzugt als Fettersatzstoff für Dressings, Dips, gefrorene Milchdesserts und für Brotaufstriche verwendet.

▶ *PASELLI SA 2*

Basiert auf enzymatisch hydrolysierter Kartoffelstärke. Sein Energiegehalt beträgt pro Gramm nur 1 Kilokalorie in 25-prozentiger wäßriger Lösung (Fett liefert 9,3 kcal/g). PASELLI SA 2-Gele werden bei der Herstellung leichter Mayonnaisen, Salatsaucen, Dips, Konditoreiprodukten, Eiscreme, Tiefkühldesserts, Schmelzkäse sowie Backwaren eingesetzt und können den Fettgehalt dieser Produkte bis auf die Hälfte reduzieren. In Deutschland wird PASELLI SA 2 bereits vereinzelt eingesetzt. Auf der Zutatenliste wird es dann als „Stärke" deklariert.

▶ *Sonstige Ersatzstoffe*

Außerdem sind seit längerer Zeit weitere Fettersatzstoffe im Handel. N-OIL wird durch chemische Hydrolyse aus Tapiokastärke gewonnen. NUTRIFAT C basiert auf einer Mischung aus hydrolysierter Weizen-, Kartoffel-, Mais- und Tapiokastärke. AVICEL ist eine mikrokristalline Zellulose, ein für den Menschen unverdauliches Kohlenhydrat (Ballaststoff), das bei Wasserzugabe viskös bis gelartig wird, sich aber beim Erhitzen und bei raschem Umrühren verflüssigt. In Amerika ist außerdem noch POLYDEXTROSE als Lebensmittelzusatzstoff zugelassen. POLYDEXTROSE ist kein eigentlicher Fettersatzstoff, sondern von seiner Chemie her eher ein

Zuckeraustauschstoff. Sie wird aus einer Mischung von Glucose und Sorbit hergestellt, ist im Körper schlecht abbaubar und liefert deshalb kaum Kalorien. Sie ist geschmacksneutral und soll zucker- und fettreduzierten Produkten die typische Textur und Konsistenz verleihen, wie wir sie von „normalen“ Erzeugnissen kennen. POLYDEXTROSE darf in den USA nur für kalorienreduzierte Lebensmittel eingesetzt werden. Sie wirkt in höheren Mengen abführend, deshalb muss in der Deklaration auf die Mengenbeschränkung von 15 Gramm POLYDEXTROSE pro Portion des betreffenden Lebensmittels hingewiesen werden. In Deutschland ist POLYDEXTROSE (noch) nicht zugelassen.

3. Mikropartikuläre Eiweißstoffe (Proteine)

Der Herstellung dieser Fettersatzstoffe liegt die Teilchengröße von Proteinen zugrunde. Durch ein spezielles physikalisches Verfahren, die sogenannte Mikropartikulation, wird die Größe von Eiweißpartikeln soweit minimiert, vereinheitlicht und die Teilchen so fein verteilt, dass der sensorische Eindruck dem von Fett ähnelt. Damit kann der Geschmack und die Textur von Fett in bestimmten Lebensmitteln imitiert werden. Prototyp dieser Stoffgruppe ist SIMPLESSE. Als Ausgangsstoffe für die Herstellung können Hühnerei-Eiweiß, Magermilch oder Molkeneiweiß dienen. Die Eiweißquellen bestimmen schließlich den Geschmack und die Textur des Endprodukts. SIMPLESSE enthält außer Eiweiß noch Wasser, Zucker, Lecithin, Pektin und lebensmittelrechtlich zugelassene Genussuren. Es ist als Eiweiß-Kohlenhydrat-Mischung voll verdaulich und hat pro Gramm rund 4 Kilokalorien. SIMPLESSE hat laut bisher vorliegender Gutachten keine toxischen und pathogenen Nebenwirkungen, auch werden keine Stoffwechselfunktionen beeinträchtigt. Damit entspricht es den Forderungen der US-amerikanischen GRAS-Liste (*generally recognized as safe* = gesundheitlich unbedenklich). Auch in Deutschland gilt SIMPLESSE als Lebensmittel, das keiner besonderen Zulassung bedarf, sondern nur mit denen zu seiner Herstellung verwendeten Zutaten deklariert werden muss. Dies ist insbesondere für die Personen von Bedeutung, die auf Milch- oder Hühnerei-Eiweiß allergisch reagieren, denn diese Art des Fettersatzes stellt für sie ein Allergen dar. SIMPLESSE kann Desserts, Sahne, Eis, Joghurtspeisen, Brotaufstrichen, Dips, Margarine und Salatdressings den Geschmack und die Konsistenz herkömmlicher mit Fett hergestellter Lebensmittel verleihen, seine Anwendung beschränkt sich allerdings ausschließlich auf industriell hergestellte Produkte. Zur Herstellung von Gebäck und zum Braten eignet sich SIMPLESSE nicht, weil sich die mikropartikulierten Proteine bei höheren Temperaturen zusammenballen und die fettähnliche Eigenschaft verlorengeht. Ähnliche Substanzen wie SIMPLESSE, dessen Herstellungsprozessatentrechtlich geschützt ist, sind noch in der Entwicklungsphase.

Ist richtig essen eine Kunst oder ist künstlich essen richtig? Solche provokativen Wortspielereien fallen einem einfach ein angesichts unserer Unvernunft und Starrköpfigkeit beim Essen und Trinken. Einerseits geben wir uns gesundheitsbewusst und wir regen uns über Schadstoffe, Lebensmittelzusatzstoffe, Konservierungsmittel sowie radioaktive Bestrahlung von Lebensmitteln auf. Wir eagieren überaus sensibel auf Lebensmittelskandale, andererseits reiten wir gedankenlos auf der Schlemmerwelle und konsumieren gleichzeitig alles, was uns die Lebensmittelindustrie „kalorien- und fettreduziert“ mundgerecht vorgefertigt in den Rachen wirft.

Das Zauberwort „light“ hat sich in unser Bewusstsein geschlichen, es verspricht Genuss ohne Ende und ohne Reue, denn Fett und Kalorien sind ja nicht wirklich da, es scheint (schmeckt) nur so ... Ein Umdenken der Bevölkerung im Ernährungsbewusstsein ist mit solchen Kunstgriffen und Querschlägen nicht möglich, weil einem vorgegaukelt wird, man könne die gleichen Mangen wie bisher konsumieren, ohne dass die Anteile von Fett, Cholesterin und Kalorien steigen würden. Gesunde Ernährung heißt aber nicht nur, den Fettkonsum zu beschränken. Es geht vielmehr darum, die gesamte Nährstoffzufuhr zu optimieren und die Schwerpunkte anders zu setzen: Fettersatzstoffe ändern nichts an Ernährungsfehlern, sie unterstützen im Gegenteil förmlich falsche Essgewohnheiten! Durch den bewussteren Verzehr von Fett und durch eine gesundheitsorientierte Auswahl der Nahrungsfette wäre uns besser geholfen, weil sich daraus automatisch eine Verlagerung auf mehr Pflanzenkost ergäbe, die hinsichtlich ihres Fett- und Cholesteringehalts sowie wegen des Fettsäuremusters günstiger abschneidet als die tierischen Lebensmittel. Dies könnte sich auch auf andere Ernährungsfehler und auf die Versorgung mit „kritischen“ Nähr- und Aufbaustoffen (zu wenig Ballaststoffe, zu wenig Vitamine, Spurenelemte etc.) positiv auswirken.

Anforderungen an den „idealen Fettersatzstoff"

In einem Fachartikel über Fettersatzstoffe in der ERNÄHRUNGSUMSCHAU 8/91 fasste Professor Dr. Erich Menden vom Institut für Ernährungswissenschaft in Gießen die Forderungen an die „idealen Fettersatzstoffe" folgendermaßen zusammen:

Aus ernährungsphysiologischer Sicht müssen sie

- einen deutlich niedrigeren Energiegehalt als Fett aufweisen bzw. sollten sie kalorienfrei sein,
- müssen sie cholesterinarm bzw. cholesterinfrei sein,
- dürfen sie die Resorption der fettlöslichen Vitamine nicht beeinträchtigen.

Aus toxikologischer und pathogenetischer Sicht dürfen sie

- keine toxischen und pathogenen Wirkungen zeigen,
- müssen sie den Anforderungen der GRAS-Liste entsprechen,
- dürfen sie keine Stoffwechselfunktionen stören.

Aus sensorischer Sicht müssen sie

- wie Fett schmecken, ohne unnatürlich „fettig" zu wirken oder zu geschmacklichen Verfälschungen im Lebensmittel zu führen.

Aus technologischer Sicht müssen sie mit möglichst vielen fetttypischen Eigenschaften ausgestattet sein, insbesondere müssen sie

- eine möglichst fettähnliche Textur aufweisen,
- mischbar mit anderen Lebensmitteln sein,
- dürfen sich bei der Verarbeitung, Lagerung sowie Zubereitung keine unerwünschten Stoffe bilden.

Aus ökologischer Sicht müssen sie

- biologisch abbaubar sein,
- dürfen sie weder bei der Herstellung, noch als Stoffwechselendprodukt, noch als Rückstand oder Abfall die Umwelt zusätzlich belasten.

Die besten Tipps zum Fettsparen

- Als Aufstrichfett verwenden Sie am besten Halbfettbutter oder Halbfettmargarine; sie sind stets streichfähig, lassen sich dünn streichen (sparsame Verwendung!) und haben nur halb so viel Fett und Kalorien wie ihre fettreichen Verwandten. Es gibt auch fettreduzierte Aufstrichfette wie z. B. Streichrahm oder andere Rahmerzeugnisse. Verwenden Sie auch fettreduzierte Fette sparsam.

- Verfeinern Sie auch Nudeln, Kartoffelpüree, Ofenkartoffeln, Reis und Gemüse mit Halbfetten.

- Verwenden Sie statt Vollmilch (3,5% Fett) besser fettarme Milch (1,5% Fett).

- Verwenden Sie zum Braten nur hochwertige beschichtete Pfannen.

- Wenn Sie etwas in der Pfanne braten wollen, erhitzen Sie zuerst die Pfanne. Dadurch dehnen sich die feinen Poren der Beschichtung aus, und es entsteht eine glatte Fläche. Geben Sie dann etwas Bratfett hinein, oder streichen Sie die Pfanne damit aus. Das Fett verläuft sich nicht in den Zwischenräumen der Poren, weil die Fläche völlig glatt ist. Sie brauchen dadurch weniger Fett.

- Lassen Sie in Fett Gebratenes auf Küchenpapier abtropfen.

- Paniertes Bratgut braucht viel Fett, um rundherum goldbraun und knusprig zu werden. Vermeiden Sie es ganz, oder lassen Sie es wenigstens gut auf Küchenpapier abtropfen. Die paar Gramm Fett können Sie sehr leicht sparen!

- Grillen ist die beste Garmethode, wenn es ums Fettsparen geht. Beachten Sie jedoch, dass das ausbratende Fett nicht in die Glut tropft, weil dabei Rauch und auch krebserregende Stoffe entstehen, die sich auf dem Grillgut niederschlagen.

- Beim Braten von großen Stücken wie Gans, Schweinebraten etc. läuft viel

Fett aus und tropft in die Fettpfanne. Bevor Sie daraus eine Sauce zubereiten, sollten Sie die Flüssigkeit entfernen. Gießen Sie das Ganze in einen Topf, und füllen Sie den Bratenfond mit etwas heißer Brühe auf. Warten Sie ein paar Minuten, bis das Fett (es ist leichter als Wasser) nach oben steigt und sich eine Fettschicht oder Fettaugen bilden. Geben Sie ein paar Eiswürfel auf ein großen Stück Küchenpapier, lassen Sie das ganze kurz antauen, nehmen Sie das Tuch oben zusammen und ziehen Sie das Bündel mehrmals langsam durch die Flüssigkeit. An dem kalten Küchenpapier bleibt das Fett hängen und wird sofort fest. Sie brauchen das Küchenpapier dann nur noch wegzuwerfen. Die Flüssigkeit wird durchpassiert und – falls nötig – mit Stärke leicht gebunden (ohne Sahne oder Crème fraîche!). Auch mitgegartes Gemüse kann man zum Binden verwenden.

- Auch kräftige und selbstgekochte Fleisch- und Hühnerbrühen sind mitunter reich an Fett. Lassen Sie das Ganze abkühlen und nehmen Sie die darauf erstarrte weiße Fettschicht vorsichtig mit einem Löffel ab. Ein bisschen sollten Sie aber darauf lassen, damit sich die Gewürze und der Geschmack der zugesetzten Gemüse und Kräuter enthalten können und fettlösliche Vitamine verwertet werden.

- Lieben Sie Pommes frites, Kroketten und Fischstäbchen? Sie lassen sich fettsparend auch im Backofen zubereiten. Achten Sie beim Einkauf von Pommes und Kroketten auf den Hinweis „backofengeeignet". Bei Fischstäbchen finden Sie ihn nicht, sie gelingen aber sicher auch im Backofen. Legen Sie sie auf ein mit Backpapier ausgelegtes Blech und wenden Sie sie nach der halben Backzeit.

- Ein fettreicher Brotaufstrich verträgt sich nicht mit einem fettreichen Belag! Streichwurst (Teewurst, Mettwurst, Leberwurst) braucht keine Unterlage aus Butter oder Margarine. Auch bei streichfähigem Käse (Schmelzkäse, Doppelrahmfrsichkäse) können Sie darauf verzichten. Wenn Sie aber fettarme Sorten wählen, ist gegen Halbfettbutter oder -margarine nichts einzuwenden.

- Wählen Sie nur Käse bis 45 Prozent F. i. Tr.. Die Auswahl ist größer als Sie denken! Bei Quark sollten Sie Magerquark, Cremequark (mager, aber so cremig wie fettreicher) oder Speisequark mit höchstens 20 Prozent

F. i. Tr. kaufen. Fertiger Kräuterquark aus dem Kühlregal hat meistens 40 Prozent F. i. Tr.. Bereiten Sie ihn aus Cremequark selber zu.

- Achten Sie auch bei Joghurt, Dickmilch und Kefir auf den Fettgehalt. Bei Joghurt gibt es ganz leckere, aber magere Sorten, die wie Vollmilchjoghurt schmecken. Der Trick liegt darin, dass es cremig gerührte Joghurts sind, die das typische, geschmeidige und feine Gefühl auf der Zunge vermitteln. Ganz ohne Chemie! Mischen Sie zu Hause dann selbst Früchte darunter. Magerer, billiger und gesünder geht's gar nicht.

- Das Knabbern von Nüssen und Chips während des Fernsehens ist eine schlechte, aber verbreitete Angewohnheit. Verbannen Sie die fetten und salzigen Chips, die Erdnüsse und vor allem die Schokolade vom Tisch, und knabbern Sie lieber Radieschen, Gurkenstücke und Karotten. Wenn Sie daraus ein „alternatives“ Abendessen, bestehend aus Finger-Food, machen, kommt jeder auf seine Kosten, und Sie schlagen zwei Fliegen mit einer Klappe (Abendessen und Knabberspaß). Fettarme Naschereien sind auch Früchte wie Äpfel, Erdbeeren, Weintrauben, Mandarinen etc.

- Mayonnaise macht so manchen Salat besonders schmackhaft, aber auch besonders fett! Strecken Sie die Mayonnaise mit Magerquark und etwas Joghurt. Schmecken Sie die Masse ab, würzen Sie eventuell mit Gewürzen und Kräutern nach, und heben Sie das Ganze unter die Kartoffeln oder unter die Wurstmischung. Sie sparen jede Menge Fett!

- Lassen Sie Fast-Food links liegen! Auch wenn auf dem Heimweg der Magen knurrt. Mit viel Fett und Kochsalz wird Geschmack nur vorgegaukelt und satt wird man von einem Hamburger auch nicht. Mit Heißhunger schlägt man unkontrolliert zu und isst mehr, als man eigentlich wollte. Denken Sie einfach an ein schönes, gemütliches Essen in aller Ruhe zu Hause, das leicht ist.

- Beim Fleisch- und Wursteinkauf droht ebenfalls eine „Fettfalle“! Wählen Sie fettarme Stücke, auch wenn diese etwas teurer sind. Berücksichtigen Sie, dass Sie auch die Fettränder mitbezahlen – zu Hausen schneiden Sie sie dann ab und werfen sie weg. Das muss nicht sein! Kaufen sie Stücke, bei denen Sie keinen Abfall haben.

Rezepte

Frühstücke und Zwischenmahlzeiten
Suppen und Eintöpfe
Salate, Vorspeisen, kleine Gerichte und Dips
Hauptgerichte
Desserts

Frühstücke und Zwischenmahlzeiten

Beginnen Sie den Tag mit einem ausgiebigen Frühstück, das vor allem reich an komplexen Kohlenhydraten sein sollte. Vollkornbrot, Haferflockenmüsli und Cornflakes sind die ideale Basis für ein gesundes Frühstück. Wählen Sie für das Brot einen mageren bis fettarmen Aufstrich für Belag (Bierschinken, Schinken, Käse bis 45 % F. i. Tr., Frischkäse) sowie Honig, Konfitüre etc., und das Müsli bereiten Sie mit fettarmer Milch zu. Besonders gut eignet sich auch verrührter Magermilchjoghurt, denn er schmeckt cremig, hat aber kaum Fett. Unter unseren Vorschlägen ist bestimmt auch das richtige Frühstück für Sie dabei. Vergessen Sie nicht, zwischendurch eine Kleinigkeit zu essen. So vermeiden Sie Leistungstiefs und Heißhunger. Fettreiches Essen braucht viel Verdauungsarbeit. Und die macht müde! In Schule und Beruf kann man sich so etwas nicht leisten. Also achten Sie auf leichte Kost – auch zwischendurch!

Knäckebrote mit Camembert und Frischkäse

Für 1 Person

2 Scheiben Knäckebrot
1 TL Halbfettmargarine (5 g)
½ Portion (ca. 30 g) Camembert (30 % F. i. Tr.)
1 Blatt Eisbergsalat oder Frisée
1 Kirschtomate
2 EL (50 g) körniger Frischkäse (20 % F. i. Tr.)
1 TL Schnittlauchröllchen

Eine Scheibe Knäckebrot mit Halbfettmargarine oder -butter bestreichen. Den Camembert in dünne Scheiben schneiden. Das Salatblatt waschen, trockenschütteln und auf das Brot legen. Die Tomate waschen, mit Küchenpapier trockentupfen und in Scheiben schneiden.

Die Hälfte der Tomatenscheiben auf das Brot geben, darauf den Käse legen. Das zweite Knäckebrot mit Frischkäse bestreichen, darauf die restlichen Tomatenscheiben verteilen und darüber den Schnittlauch streuen.

Pro Person etwa:
200 kcal; 15 g Eiweiß, 9 g Fett, 16 g Kohlenhydrate

Vollkornbrötchen mit Schinken und Käse

Für 1 Person

1 Roggenvollkornbrötchen (50–60 g)
2 TL Halbfettmargarine (10 g)
1 Scheibe gekochter Schinken ohne Fettrand (30 g)
1 kleine Gewürzgurke
1 Scheibe (20 g) Edamer (40 % F. i. Tr.)
1 Kirschtomate

Das Brötchen quer durchschneiden und beide Hälften mit Halbfettmargarine bestreichen. Auf eine Hälfte den Schinken legen. Das Gürkchen fächerartig der Länge nach einschneiden und auf dem Schinken anrichten. Den Käse auf die zweite Brötchenhälfte legen. Die Tomate waschen, trockentupfen, in Scheiben schneiden und diese auf den Käse legen.

Pro Person etwa:
280 kcal; 16 g Eiweiß, 13 g Fett, 26 g Kohlenhydrate

Süß-pikante Pumpernickel

Für 1 Person

2 Scheiben Pumpernickel (à 50 g)
1 TL Halbfettmargarine (5 g)
1 Scheibe Schinken in Aspik (30 g), 50 g Magerquark
1 EL Erdbeerkonfitüre (20 g)

Pro Person etwa:
310 kcal; 19 g Eiweiß, 4 g Fett, 51 g Kohlenhydrate

Eine Scheibe Pumpernickel dünn mit der Halbfettmargarine bestreichen, darauf die Aspikscheibe legen. Die zweite Scheibe mit Quark bestreichen und darauf die Konfitüre verteilen.

Statt Konfitüre können Sie auch Honig verwenden (1 EL entspricht 20 g bzw. 65 kcal).

Obstfrühstück

Für 1 Person

300 g gemischte frische Früchte der Saison (z. B. 100 g Banane, 100 g Erdbeeren, 100 g Aprikosen)
1 EL Zitronensaft
1 TL (10 g) Honig nach Geschmack

Pro Person etwa:
210 kcal; 3 g Eiweiß, 1 g Fett, 44 g Kohlenhydrate

Das Obst waschen, je nach Sorte putzen, schälen, entkernen und klein schneiden. In einem Schälchen das Obst sowie den Zitronensaft mischen und darüber nach Geschmack den Honig träufeln.

Wem das Frühstück zu „mager" ist, der genehmigt sich dazu 1 Scheibe Sesamknäckebrot (40 kcal).

Kräuterfrischkäse mit Knäckebrot

Für 1 Person

1 Becher (200 g) körniger Frischkäse (20 % F. i. Tr.)
2 EL Schnittlauchröllchen
3 Scheiben Knäckebrot (à 10 g)

Den Frischkäse zusammen mit dem Schnittlauch verrühren. Den Frischkäse auf die Brote streichen oder diese getrennt zum Käse reichen.

Mit diesem Frühstück werden Sie sicher satt. Wer aber morgens nur wenig Hunger hat, kann das Ganze mit zur Arbeit nehmen. Der Frischkäse schmeckt angenehm erfrischend und würzig, er ist besonders gut bekömmlich und belastet nicht. Knäckebrot sorgt für gutes Kauen und Einspeicheln, es hat außerdem einen sehr guten Sättigungseffekt. Dazu passt übrigens ein Glas Tomatensaft (200 ml = ca. 30 kcal).

Pro Person etwa:
300 kcal; 23 g Eiweiß, 10 g Fett,
26 g Kohlenhydrate

Kerniges Apfelbrot

Für 1 Person

1 Scheibe Roggenvollkornbrot mit Sonnenblumenkernen (50–60 g)
50 g Cremequark (0,2 % Fett)
1 kleiner saftiger Apfel
1 TL flüssiger Honig

Das Brot mit dem Cremequark bestreichen. Den Apfel waschen, mit Küchenpapier trockentupfen, vierteln, das Kerngehäuse herausschneiden und die Viertel in schmale Spalten schneiden. Diese schuppenartig auf dem Brot anordnen und den Honig darüber träufeln.

Tipp
Köstlich und erfrischend schmecken auch Mandarinenspalten als Belag. Verwenden Sie am besten frisches Obst der Saison, so zum Beispiel auch Beeren im Sommer.

Unter Cremequark versteht man übrigens einen mageren Quark mit nur 0,2 % Fett, der durch ein besonderes Herstellungsverfahren eine cremige Konsistenz bekommt und sahniger bzw. aromatischer schmeckt als normaler Magerquark. Cremequark lässt sich wie Magerquark auch zum Backen verwenden.

Pro Person etwa:
225 kcal; 8 g Eiweiß, 2 g Fett,
42 g Kohlenhydrate

Mohn- und Sesambagels für den Brunch

Für 10 Stück

500 g Mehl
2 TL Trockenhefe
1 EL Zucker
1 ½ TL Salz
etwas Mehl zum Bestäuben und für die Arbeitsfläche
Mohn und Sesam

Pro Bagel etwa:
200 kcal; 7 g Eiweiß, 3 g Fett, 37 g Kohlenhydrate

Das Mehl in eine Schüssel geben und die Trockenhefe untermischen. Zucker, Salz sowie 350 Milliliter warmes Wasser dazugeben und die Zutaten mit den Knethaken eines elektrischen Handrührgerätes oder in der Küchenmaschine 10 Minuten lang zu einem elastischen Teig verarbeiten. Etwas Mehl darüber stäuben und den Teig zugedeckt etwa 30 Minuten an einem warmen Ort gehen lassen. Den Teig aus der Schüssel nehmen und auf einer bemehlten Arbeitsfläche mit den Händen durchkneten. Aus dem Teig 10 gleichschwere Kugeln formen und sie 5 Minuten ruhen lassen. Die Teigkugeln zu etwa 25 cm langen Rollen formen, die Rollen jeweils zu einem Kreis schließen und die Teigenden gut zusammendrücken. Oder in die Teigkugeln jeweils mit dem Zeigefinger ein Loch drücken und es mit kreisende Bewegungen bis zu etwa 4 cm Durchmesser vergrößern. Ein Backblech mit Backpapier auslegen und die Bagels in ausreichend Abstand (sie gehen noch auf!) auf das Blech legen. Mit ei-

Tipp

Die Bagels werden quer durchgeschnitten und mit Halbfettbutter oder Frischkäse bestrichen. Darauf passt sowohl ein süßer als auch ein pikanter Belag. Bagels kann man auch auf Vorrat zubereiten: entweder die gebrühten Teiglinge einfrieren und bei Bedarf backen oder fertig gebackene Bagels nach dem Abkühlen einfrieren und bei Bedarf kurz im Backofen aufbacken. Ideal für den Sonntagsbrunch!

nem Tuch bedecken und noch etwa 30 Minuten gehen lassen.

Reichlich Wasser in einem breiten Topf aufkochen, jeweils 2 bis 3 Bagels mit der Oberseite nach unten ins kochende Wasser geben und etwa 30 Sekunden sprudelnd kochen lassen. Sie mit einer Schaumkelle herausnehmen, auf Küchenpapier abtropfen lassen, dann auf das Blech legen. Die Oberseite der Teiglinge mit Wasser bestreichen und mit Mohn sowie Sesam bestreuen. Den Backofen auf 225 °C vorheizen und die Bagels auf mittlerer Einschubleiste etwa 20 bis 25 Minuten backen. Warm servieren.

Toastbrote mit Meerrettichcreme und Räucherlachs

Für 4 Personen

200 g Speisequark (20 % F. i. Tr.)
4 EL geriebener Meerrettich aus dem Glas
weißer Pfeffer, Salz
8 Scheiben Toastbrot
8 dünne Scheiben Räucherlachs (à 10 g)

Pro Person etwa:
230 kcal; 14 g Eiweiß, 8 g Fett, 23 g Kohlenhydrate

Den Quark gut mit dem Meerrettich zu einer Aufstrichmasse verrühren und mit Pfeffer sowie Salz abschmecken. Die Brote toasten und mit der Meerrettichcreme bestreichen. Jeden Toast mit 1 Scheibe Lachs belegen.

Käsetoast auf leichte Art

Für 1 Person

2 Scheiben Toastbrot
2 TL Halbfettmargarine (10 g)
1 Tomate
2 Scheiben (à 20 g) Edamer (40 % F. i. Tr.)

Pro Person etwa:
275 kcal; 15 g Eiweiß, 15 g Fett, 21 g Kohlenhydrate

Die Brote toasten und dünn mit Halbfettmargarine bestreichen. Die Tomate waschen, mit Küchenpapier trockentupfen, in Scheiben schneiden und die Brote damit belegen. Auf jedes Brot 1 Scheibe Käse legen und das Ganze im Grill überbacken.

Rührei mit Toast

Für 1 Person

2 frische Eier (Gew. Kl. M)
weißer Pfeffer, Salz
1 EL fein gehackte Petersilie
2 EL fettarme Milch
1 EL Butter
2 Scheiben Toastbrot

Pro Person etwa:
280 kcal; 17 g Eiweiß, 14 g Fett, 21 g Kohlenhydrate

Die Eier in ein Rührgefäß schlagen und sie mit einem Schneebesen gut verquirlen. Mit Pfeffer und Salz würzen, dann die Petersilie sowie die Milch unterrühren. Eine beschichtete Pfanne erhitzen, die Butter zerlassen, die Eiermasse hineingießen und daraus bei milder Hitze unter vorsichtigem Rühren mit einem Holzkochlöffel ein Rührei zubereiten. Die Brote toasten und das Rührei auf ihnen verteilen.

Rührei passt zu jeder Art von Brot, so zum Beispiel auch sehr gut zu Sonnenblumenbrot, Vollkornbrot und Pumpernickel. Auf ein Aufstrichfett können Sie stets verzichten.

Tipp
Wer mag, kann unter die Eiermasse noch 50 g grob gehackte frische Champignons mischen.

Gemüsetoast

Für 1 Person

1 kleine Karotte (75 g)
1 Stück Zucchini (75 g)
30 g geraspelter Edamer (40 % F. i. Tr.)
2 Scheiben Toastbrot
1 TL Halbfettmargarine (5 g)

Die Karotte waschen, putzen, schälen und fein raspeln. Das Zucchinistück waschen, trockentupfen und raspeln. Zusammen mit dem Käse unter die Karottenraspel mischen. Die Brote toasten, dünn mit Halbfettmargarine bestreichen, darauf die Gemüsemischung verteilen und die Brote im Grill 10 Minuten überbacken.

Tipp

Sie können die Gemüsemischung (ohne Käse) auf den Broten verteilen und mit jeweils 1 Scheibe Schmelzkäse belegen. Danach wie beschrieben überbacken. Größere Mengen bereiten Sie im Backofen zu. Er muss auf 200 °C vorgeheizt sein.

Pro Person etwa:
245 kcal; 13 g Eiweiß, 11 g Fett, 25 g Kohlenhydrate

Vollkornbrot mit Quark und selbst gemachtem Aprikosenmus

Für 1 Person

1 kg frische Aprikosen
50 g Zucker
1 Scheibe Roggenvollkornbrot (50 g)
3 EL (75 g) Speisequark (20 % F. i. Tr.)

Die Aprikosen waschen, trockentupfen, entsteinen und durch einen Fleischwolf drehen bzw. im Mixer pürieren. Das Püree in einen Topf geben, erhitzen und unter ständigem Rühren eindicken lassen. Den Zucker untermischen und das Ganze heiß in Gläser füllen. 1 EL (= 20 g) enthält nur 14 kcal.

Das Brot dick mit Quark bestreichen und darauf 1 Esslöffel Aprikosenmus verteilen. Statt des selbst gemachten können Sie natürlich auch Aprikosenmus aus dem Glas verwenden.

Pro Person etwa:
190 kcal; 12 g Eiweiß, 4 g Fett, 25 g Kohlenhydrate

Vollkornbrote mit Schnittlauchquark

Für 4 Personen

1 Bund Schnittlauch
1 kleine Zwiebel
250 g Speisequark (20 % F. i. Tr.)
2 EL verrührter Magermilchjoghurt
weißer Pfeffer, Salz
8 Scheiben Vollkornbrot (à 50 g)

Pro Person etwa:
265 kcal; 14 g Eiweiß, 4 g Fett, 42 g Kohlenhydrate

Den Schnittlauch waschen, mit Küchenpapier trockentupfen, in feine Röllchen schneiden und in eine Schüssel geben. Die Zwiebel schälen, fein würfeln und zum Schnittlauch geben. Den Quark sowie den Joghurt untermischen und das Ganze mit Pfeffer sowie Salz würzen. Den Quark dick auf den Broten verteilen.

Das Rezept können Sie auch für Häppchen verwenden: Die bestrichenen Brote in Viertel teilen und hübsch auf einer Servierplatte anrichten. Da wird jeder gerne zugreifen. Den Quark kann man auch auf runden Pumpernickelscheibchen oder auf Cräckern servieren. Cräcker weichen schnell durch; deshalb nur wenige vorbereiten und sie rasch verzehren.

Pikante Wurstsemmel

Für 1 Person

1 Vollkornbrötchen (z. B. mit Sonnenblumenkernen, Mohn, Kümmel, Sesam)
1 TL Halbfettmargarine (5 g)
2 Salatblätter
2 Tomatenscheiben
2–3 Scheiben Bierschinken (20–30 g)
1 kleine Gewürzgurke

Pro Person etwa:
190 kcal; 10 g Eiweiß, 6 g Fett, 24 g Kohlenhydrate

Das Brötchen quer durchschneiden, die Halbfettmargarine auf die untere Hälfte streichen. Die Salatblätter waschen, trockenschütteln und darauf legen. Darüber die Tomaten- sowie die Bierschinkenscheiben legen. Die Gurke der Länge fächerartig einschneiden, auseinanderdrücken und auf die Wurst legen. Mit der zweiten Brötchenhälfte bedecken.

Jede Wurstsemmel kann man durch ein paar Salatblätter, Tomaten, Radieschen und Gurkenscheiben „leichter" machen. Die Semmel schmeckt so ziemlich saftig, obwohl sie nur mit wenig Wurst oder Schinken belegt ist. Zwei Scheiben Wurst oder Schinken oder kalter Braten reichen aus. Bei Salami bedeuten 20 bis 30 Gramm allerdings 4 bis 6 Scheiben. Es genügen bei dieser sehr würzigen Wurst 20 Gramm bzw. 4 dünne Scheiben pro Brötchen. Sie können mit fettreduzierter Salami Fett und damit Kalorien sparen. Wenn Sie lieber Käse mögen, gilt das Gleiche: 2 dünne Scheiben Schnittkäse (ca. 30 Gramm) genügen. Wählen Sie nur Käse bis 45 % F. i. Tr.

Wienerle mit Baguettebrötchen

Für 1 Person

1 kleines Wiener Würstchen (40 g) aus der Dose
Salz
1 kleines Baguettebrötchen (50 g)
einige Salatblätter
mittelscharfer Senf nach Geschmack

Pro Person etwa:
255 kcal; 8 g Eiweiß, 12 g Fett, 28 g Kohlenhydrate

Das Würstchen in etwas Salzwasser erhitzen. Das Brötchen quer durchschneiden. Die Salatblätter waschen, trockentupfen und auf einer Brötchenhälfte verteilen. Darauf das Würstchen geben, nach Belieben mit Senf bestreichen und dann die zweite Brötchenhälfte darauf legen.

Tipp
Wer statt Senf lieber Ketchup mag, kann das Ganze auch damit würzen.

Achten Sie beim Einkauf von Dosenwürstchen unbedingt auf gute Qualität. Es gibt im Handel besonders dünne Würstchen (5 Paar in einer Dose mit insgesamt 250 Gramm), die nicht nur schön knackig sind, sondern auch wenig Kalorien bzw. Fett enthalten. Von diesen Würstchen können Sie unbesorgt auch 1 Paar auf das Brötchen legen.

Sesambrötchen mit Schinken

Für 1 Person

1 Vollkornbrötchen mit Sesam
1 TL Halbfettmargarine (5g)
2 Salatblätter
1 Scheibe gekochter Schinken ohne Fettrand (30 g)
1 EL geriebener Meerrettich aus dem Glas

Pro Person etwa:
180 kcal; 13 g Eiweiß, 4 g Fett, 23 g Kohlenhydrate

Das Brötchen quer durchschneiden und die Margarine auf die Unterhälfte streichen. Die Salatblätter waschen, trockentupfen und auf die Brötchenhälfte legen. Darauf den Schinken geben und mit Meerrettich bestreichen. Mit der zweiten Brötchenhälfte bedecken.

Wählen Sie stets mageren Schinken sowie fettarme Wurst. Denken Sie beim Einkauf daran, dass Sie die Fettränder, die sie zu Hause wegschneiden, selbstverständlich mitbezahlen müssen. Deshalb lieber Ware von einer besseren Qualität kaufen, bei der sie keinen Abfall haben! Wenig Fett enthalten Bierschinken sowie Aspikwaren; auch Geflügelwurst ist relativ fettarm.

Tipp
Gute Fleischfachgeschäfte bieten eine Übersicht über die Fettstufen der Wurstwaren. So kann man sich gut orientieren und entsprechend den jeweiligen Fettstufen die passende Sorte aussuchen.

Fruchtiger Gemüsecocktail

Für 1 Person

150 ml Gemüsesaft
50 ml Orangensaft
1 EL Tomatenketchup
ein Kräuterzweig oder eine kleine Karotte zum Garnieren

Pro Person etwa:
60 kcal; unter 1 g Eiweiß, 10 g Fett, 12 g Kohlenhydrate

Den Gemüsesaft zusammen mit dem Orangensaft sowie dem Ketchup verquirlen und das Ganze in ein Cocktailglas füllen. Mit einem Kräuterzweig oder einer geschälten Karotte, die man der Länge nach einschneidet und dann an den Glasrand steckt, garnieren. Mit dickem Trinkhalm servieren.

Statt Orangensaft können Sie auch Apfelsaft nehmen. Zum Mixen eignet sich außer Gemüsesaft auch Tomaten- oder Karottensaft. Die Obstsäfte lassen sich auch mit Buttermilch oder Kefir oder Naturjoghurt zu leckeren und ausgesprochen gesunden Drinks mixen, die zwischendurch immer willkommen sind.

Frühlingsfrischer Kräutermix

Für 1 Person

2 EL Kresse
2 EL Schnittlauchröllchen
1 EL fein gehackter Dill
1 EL Zitronensaft
200 g fettarmer Kefir
1 Prise Knoblauchpulver
weißer Pfeffer, Salz

Die Kräuter zusammen mit dem Zitronensaft in ein Rührgefäß geben und mit dem Passierstab fein pürieren; dabei den Kefir langsam dazugeben. Alles gründlich durchmixen, dann den Drink mit Knoblauch, Pfeffer und Salz würzen. In ein Glas geben und mit einem dicken Trinkhalm servieren.

Tipp
Statt fettarmem Kefir (1,5 % Fett) können Sie auch Buttermilch (max. 1 % Fett) oder Trinkjoghurt mit 0,2 % Fett verwenden.

Pro Person etwa:
105 kcal; 8 g Eiweiß, 3 g Fett, 5 g Kohlenhydrate

Karottenmüsli

Für 1 Person

2 saftige Karotten
1 EL Zitronensaft
1 EL flüssiger Honig
3 EL kernige Haferflocken
100 g verrührter Magermilchjoghurt

Die Karotten waschen, putzen, schälen, fein raspeln und zusammen mit Zitronensaft sowie Honig in einem Schälchen mischen. Die Haferflocken sowie den Joghurt dazugeben und das Ganze vermengen.

Pro Person etwa:
255 kcal; 9 g Eiweiß, 3 g Fett, 46 g Kohlenhydrate,

Beerenmüsli

Für 1 Person

150 g frische Beerenfrüchte
150 g verrührter Magermilchjoghurt
1 TL flüssiger Honig (10 g)
6 EL Cornflakes (30 g)

Pro Person etwa:
245 kcal; 9 g Eiweiß, 1 g Fett, 47 g Kohlenhydrate

Die Beerenfrüchte (Erdbeeren, Himbeeren, Brombeeren, Heidelbeeren) waschen, putzen, klein schneiden oder mit einer Gabel grob zerdrücken und in ein Schälchen geben. Den Joghurt untermischen, darauf den Honig verteilen und zum Schluss die Cornflakes untermischen.

Cornflakes mit Erdbeeren

Für 1 Person

150 g Erdbeeren
1 EL Zucker
6 EL Cornflakes (30 g)
125 ml fettarme Milch

Pro Person etwa:
260 kcal; 8 g Eiweiß, 3 g Fett, 49 g Kohlenhydrate

Die Erdbeeren waschen, putzen und klein schneiden. Zusammen mit dem Zucker in ein Schälchen geben und kurz durchziehen lassen. Die Cornflakes untermischen und zum Schluss die Milch darüber gießen.

Kirschquark

Für 1 Person

150 g Magerquark
50 g verrührter Magermilchjoghurt
1 EL Zucker
1 TL Vanillinzucker
100 g dunkle Süßkirschen

Pro Person etwa:
245 kcal; 21 g Eiweiß, 1 g Fett, 37 g Kohlenhydrate

Den Quark zusammen mit dem Joghurt, dem Zucker und dem Vanillinzucker glatt rühren. Die Kirschen waschen, entstielen, entsteinen, grob zerkleinern und unter den Quark mischen.

Den Quark kann man sehr gut an den Arbeitsplatz mitnehmen. Sie können auch andere Früchte verwenden, so z. B. Erdbeeren, Himbeeren, Mandarinen, Bananen etc. Wenn Sie Ananasstücke untermischen möchten, sollten Sie solche aus der Dose wählen. Frische Ananas enthält das eiweißspaltende Enzym Bromelin, das Milcheiweiß angreift. Durch die enzymatische Spaltung des Milcheiweißes entstehen Substanzen, die dem Quark und auch anderen Milchprodukten einen bitteren Geschmack verleihen. Eiweißspaltende Enzyme finden sich außer in der Ananas auch in frischen Kiwis, Feigen und Papayas.

Haferflockenmüsli mit Trockenobst

Für 1 Person

30 g kernige Haferflocken
50 g gemischtes Trockenobst (Backpflaumen, Aprikosen, Apfelringe, Birnen, Rosinen)
1 TL Zucker (5 g) oder
1 TL flüssiger Honig (10 g)
125 ml warme oder kalte fettarme Milch
1 TL grob gehackte Haselnusskerne (5 g)

Pro Person etwa:
230 kcal; 9 g Eiweiß, 7 g Fett, 32 g Kohlenhydrate

Die Haferflocken in ein Schälchen geben. Das Trockenobst mit heißem Wasser abbrausen, trockentupfen und klein schneiden. Den Zucker bzw. den Honig und das Trockenobst unter die Haferflocken mischen. Darüber die Milch gießen und alles mit den Haselnusskernen bestreuen.

Joghurt mit Früchten

Für 1 Person

100 g frische Früchte der Saison (Äpfel, Birnen, Bananen, Orangen, Mandarinen, Erdbeeren, Pfirsiche etc.)
1 TL flüssiger Honig, 150 g verrührter Magermilchjoghurt

Pro Person etwa:
145 kcal; 7 g Eiweiß, unter 1 g Fett, 25 g Kohlenhydrate

Das Obst waschen, putzen, je nach Sorte schälen, entsteinen, klein schneiden und in ein Schälchen geben. Darüber den Honig träufeln und den Joghurt untermischen.

Joghurtdrink mit Erdbeeren

Für 4 Personen

250 g frische Erdbeeren
3 EL Zucker (30 g)
1 EL Vanillinzucker
600 g verrührter Magermilchjoghurt

Pro Person etwa:
115 kcal; 6 g Eiweiß, unter 1 g Fett, 19 g Kohlenhydrate

Die Erdbeeren waschen, putzen, mit einer Gabel zerdrücken, zusammen mit dem Zucker sowie dem Vanillinzucker in einen Elektromixer oder in ein Rührgefäß geben und fein pürieren. Dabei den Joghurt langsam dazugeben und das Ganze kräftig verquirlen. Die Masse in Gläser füllen.

Aprikosenbuttermilch

Für 4 Personen

250 g vollreife Aprikosen
3 EL Zucker (30 g)
1 EL Vanillinzucker
600 g gut gekühlte Buttermilch

Pro Person etwa:
115 kcal; 5 g Eiweiß, 1 g Fett, 19 g Kohlenhydrate

Die Aprikosen waschen, trockentupfen, halbieren, entsteinen, in Würfel schneiden und zusammen mit dem Zucker sowie dem Vanillinzucker in einen Elektromixer oder in ein Rührgefäß geben. Das Ganze fein pürieren. Die Buttermilch langsam dazugießen und alles kräftig verquirlen. In Gläser füllen und servieren.

Bananendrink

Für 4 Personen

2 kleine vollreife Bananen (200 g geschält)
1 EL Zitronensaft
3 EL Zucker (30–40 g)
600 ml sehr kalte fettarme Milch

Die Bananen schälen, mit einer Gabel grob zerdrücken und zusammen mit dem Zitronensaft sowie dem Zucker in einen Elektromixer oder in ein Rührgefäß geben. Das Ganze fein pürien; dabei langsam die Milch zugeben und untermixen. Den Drink in vier Gläser füllen.

Pro Person etwa:
155 kcal; 6 g Eiweiß, 2 g Fett, 27 g Kohlenhydrate

Mokkamilch

Für 4 Personen

800 ml sehr kalte fettarme Milch
4–6 TL Instant-Kaffeepulver
4 EL Zucker (40 g)

Die Milch in ein hohes Rührgefäß gießen, den Instantkaffee sowie den Zucker dazugeben und das Ganze mit einem Schneebesen oder einem Passierstab so lange verquirlen, bis sich die Zutaten aufgelöst haben und der Drink schön schaumig ist. Den Drink auf vier Gläser verteilen.

Tipp
Wer zusätzlich Kalorien sparen möchte, verwendet statt Zucker kalorienfreien flüssigen Süßstoff.

Pro Person etwa:
135 kcal; 7 g Eiweiß, 3 g Fett, 20 g Kohlenhydrate

Suppen und Eintöpfe

Suppen sind Vorspeisen, Eintöpfe dagegen komplette Hauptgerichte. Vorspeisen sollten leicht sein und den Magen auf den Hauptgang vorbereiten; Eintöpfe dürfen opulenter sein, denn sie sollen ja vor allem auch sättigen. Beides gelingt und schmeckt auch mit wenig Fett – wie die folgenden Rezepte beweisen.

Gemüsesuppe mit Hafer

Für 4 Personen

120 g ganze Haferkörner
1 1/2 Liter Gemüsebrühe (Würfel oder Instantpulver)
3 große Zwiebeln
2 Stangen Lauch
500 g Karotten
1 EL Sonnenblumenöl
weißer Pfeffer, Selleriesalz
50 g Enzym-Fermentgetreide (aus dem Reformhaus)

Pro Person etwa:
265 kcal; 12 g Eiweiß, 6 g Fett, 40 g Kohlenhydrate

Die Haferkörner mit kaltem Wasser abbrausen, abtropfen lassen und dann in der heißen Brühe etwa 30 Minuten zugedeckt garen. Die Zwiebeln schälen und fein würfeln. Das restliche Gemüse waschen und putzen. Den Lauch in dünne Ringe schneiden, die Karotten schälen und fein würfeln. Das Öl in einem Topf erhitzen und darin die Zwiebelwürfel glasig werden lassen. Das Gemüse dazugeben, unter Umrühren mitdünsten, dann die Gemüsebrühe und den Hafer dazugeben. Das Ganze zum Kochen bringen, die Hitzezufuhr reduzieren und alles zugedeckt 10 Minuten köcheln lassen. Die Suppe mit Pfeffer, Salz und Fermentgetreide abschmecken.

Tipp

Fermentgetreide ist ein milchsäurehaltiges Naturprodukt aus milchsauer vergorenem Vollkornbrot. Sie erhalten das Granulat im Reformhaus. Es eignet sich als Speisezusatz zum Würzen von Suppen und Saucen; für pikante Brotaufstriche wird es mit Küchenkräutern, Zwiebelwürfeln, Knoblauch, Wasser sowie etwas Öl vermengt.

Rindfleischsuppe mit Nudeln

Für 4 Personen

500 g Suppenfleisch mit Knochen
weißer Pfeffer, Salz
2 Lorbeerblätter
5 Wacholderbeeren
200 g Karotten
150 g Lauch
150 g Sellerieknolle
100 g Zwiebeln
Instant-Fleischbrühe oder Brühwürfel zum Abrunden
100 g Suppennudeln (z. B. feine Nudeln, Fadennudeln, Sternchen, Buchstaben)
1/2 Bund Petersilie (10 g)

Pro Person etwa:
105 kcal; 4 g Eiweiß, 2 g Fett, 18 g Kohlenhydrate

Das Fleisch kalt abwaschen und rundherum mit Pfeffer sowie Salz einreiben. 1 1/2 Liter kaltes Wasser aufsetzen, das Fleisch sowie die übrigen Gewürze hinzugeben. Die Karotten, den Lauch sowie Sellerie waschen und putzen. Karotten und Sellerie schälen und in grobe Stücke schneiden. Den Lauch in fingerlange Stücke schneiden und diese der Länge nach halbieren. Die Zwiebeln schälen, dabei aber die letzte braune Haut zur Farbgebung der Brühe nicht entfernen, achteln und zum Fleisch geben. Das Ganze zugedeckt zum Kochen bringen, den Schaum abschöpfen und die Zutaten bei mäßiger Hitze etwa 1 Stunde garen, bis sie völlig ausgelaugt sind. Die Brühe durch ein Haarsieb in einen anderen Topf gießen und offen noch etwa 10 Minuten eindicken lassen. Die Brühe abschmecken und mit Instantbrühe oder Brühwürfel abrunden. Die Brühe aufkochen, die Nudeln einstreuen und nach Packungsvorschrift garen. Die Petersilie waschen, trockenschütteln, fein hacken und in die Brühe geben.

Tipp
Wenn Sie fettes Fleisch und Markknochen verwenden, sollten Sie die Brühe vor dem Fertigstellen leicht entfetten. Entweder lassen Sie sie kalt werden und nehmen dann die Fettschicht ab, oder Sie ziehen ein Küchenpapier, gefüllt mit Eiswürfeln, über die Oberfläche. Daran bleibt eine Menge Fett hängen.

Wenn man Wert auf eine schmackhafte kräftige Brühe legt, gibt man das Fleisch sowie das Gemüse bereits in das kalte Wasser. Sie sollen richtig auslaugen und ihre Geschmacksstoffe an die Brühe abgeben. Zum Essen ist das Fleisch allerdings nicht mehr geeignet. Sie können hier also etwas preiswertere Fleischstücke verwenden. Wenn Sie aber Wert auf ein feines Suppenfleisch legen (z. B. für einen Tafelspitz), dann setzen Sie das Fleisch und ein paar Suppenknochen erst dem kochenden Wasser zu. So schließen sich die Poren sofort, das Fleisch laugt nicht aus, es bleibt innen zart und saftig.

Bunte Gemüsesuppe

Für 4 Personen

600 g Gemüse der Saison (grüne Bohnen, Lauch, Erbsen, Karotten, Sellerieknolle, Kohlrabi, Blumenkohl, Brokkoli)
2 Kartoffeln (150 g)
1 Zwiebel (70 g)
1 EL Butter (10 g)
1 ½ Liter Gemüsebrühe (aus Würfel oder Instantpulver)
30 g Haferkörner oder Hafergrütze
½ Bund Petersilie (10 g)
weißer Pfeffer, Salz
1 EL Enzym-Fermentgetreide (aus dem Reformhaus)

Das Gemüse waschen und putzen. Karotten, Sellerie, Kohlrabi sowie Kartoffeln schälen und klein schneiden. Die anderen Gemüsesorten (außer Erbsen) in Scheiben oder Würfel schneiden. Die Zwiebel schälen und fein würfeln. Die Butter in einem großen Topf erhitzen; darin die Zwiebeln glasig werden lassen, das restliche Gemüse dazugeben und unter Umrühren leicht andünsten. Die Brühe dazugießen, aufkochen lassen und den Hafer untermischen. Das Ganze im geschlossenen Topf etwa 25 Minuten garen. Die Petersilie waschen, trockenschütteln, fein hacken und in die Suppe geben. Diese zum Schluss mit Pfeffer, Salz sowie Fermentgetreide würzen.

Tipp
Statt Hafer können Sie auch Buchweizengrütze oder Weizenkörner verwenden.

Pro Person etwa:
155 kcal; 6 g Eiweiß, 5 g Fett, 22 g Kohlenhydrate

Gebundene Gemüsesuppe

Für 4 Personen

250 g Karotten
100 g Lauch
100 g Sellerieknolle
100 g Blumenkohl
1 Petersilienwurzel (20 g)
1 Zwiebel (70 g)
1 Zweig Liebstöckel
1 EL Butter (10 g)
1 Liter Gemüsebrühe (Würfel oder Instantpulver)
weißer Pfeffer, getrockneter Majoran, Salz
2 EL fein gehackte Petersilie (10 g)

Pro Person etwa:
75 kcal; 3 g Eiweiß, 3 g Fett, 8 g Kohlenhydrate

Das Gemüse (außer die Zwiebel) waschen und putzen, Karotten, Sellerie sowie Petersilienwurzel schälen, und alles klein schneiden. Die Zwiebel schälen und fein würfeln. Den Liebstöckel waschen, trockentupfen und fein hacken. Die Butter in einem Topf zerlassen und darin die Zwiebel glasig werden lassen. Das restliche Gemüse sowie den Liebstöckel dazugeben und unter Umrühren gut andünsten, aber nicht braun werden lassen. Die Brühe dazugießen und das Gemüse zugedeckt etwa 15 Minuten leise köcheln lassen. Das Gemüse im Topf mit einem Passierstab fein pürieren, die Suppe mit Pfeffer, Majoran sowie Salz abschmecken und mit Petersilie bestreut servieren.

Tipp

Suppen und Saucen, die Gemüse enthalten, kann man völlig ohne Sahne, Mehl und Crème fraîche binden bzw. sämig machen: Einfach das Gemüse in der Flüssigkeit pürieren (mit einem Passierstab oder im Mixer) oder es durch ein Haarsieb streichen. Der Gemüsegeschmack kommt so besonders gut zur Geltung, man braucht weniger nachzuwürzen und spart eine Menge Fett sowie Kalorien. Außerdem: Das Ganze enthält reichlich Mineralstoffe und ist auch ballaststoffreich.

Grießklößchensuppe

Für 4 Personen

1 frisches Ei
(Gew. Kl. M., ca. 65 g)
weißer Pfeffer, geriebene
Muskatnuss, Salz
100 g Hartweizengrieß
1 Prise Backpulver
2 EL fein gehackte Petersilie
1 Liter klare Fleischsuppe oder
Gemüsebrühe
(Würfel oder Instantpulver)
150 g Karotten

Das Ei in eine Schüssel schlagen, mit Pfeffer, Muskat sowie Salz würzen und verquirlen. Den Grieß sowie das Backpulver unterrühren. Es muss ein glatter und gut formbarer Teig entstehen. Die Hälfte der Petersilie untermischen. Die Brühe zum Kochen bringen. Die Karotten waschen, putzen, schälen und grob raspeln. Zur Brühe geben. Mit Hilfe von zwei Teelöffeln vom Teig Nockerln abstechen und in die kochende Brühe geben. Zugedeckt bei mäßiger Hitze 10 Minuten garen, den Topf vom Herd nehmen und die Klößchen 10 Minuten im geschlossenen Topf ziehen lassen. Die restliche Petersilie in die Suppe geben.

Pro Person etwa:
130 kcal; 6 g Eiweiß, 3 g Fett,
20 g Kohlenhydrate

Kartoffelsuppe mit Scampi

Für 4 Personen

500 g Kartoffeln
100 g Karotten
100 g Lauch
800 ml Gemüsebrühe
(Würfel oder Instantpulver)
4 EL (40 g) Kaffeesahne
(10 % Fett)
weißer Pfeffer, geriebene
Muskatnuss, Salz
100 g Scampi (küchenfertige
TK-Ware)

Das Gemüse waschen. Die Kartoffeln und die Karotten schälen. Die Kartoffeln in Würfel von etwa 1 cm Kantenlänge und die Karotten in feine Streifen schneiden. Den Lauch putzen und in feine Ringe schneiden. Die Brühe zum Kochen bringen und das Gemüse dazugeben. Alles zugedeckt ca. 15 Minuten bei mäßiger Hitze garen. Etwa zwei Drittel der Gemüsemenge mit einer Schaumkelle herausnehmen, den Rest in der Flüssigkeit pürieren. Das Gemüse wieder dazugeben und die Sahne einrühren. Das Ganze mit Pfeffer, Muskat sowie Salz abschmecken, die Scampi untermischen und die Suppe zum Schluss 3 Minuten köcheln lassen.

Pro Person etwa:
145 kcal; 9 g Eiweiß, 2 g Fett,
22 g Kohlenhydrate

Fränkische Kartoffelsuppe

Für 4 Personen

400 g Kartoffeln
150 g Karotten
1 Stück Lauch (ca. 75 g)
1 Stück Sellerieknolle (ca. 75 g)
1 Lorbeerblatt
1 EL Mehl (15 g)
Fleisch- oder Gemüsebrühe (Würfel oder Instantpulver)
1 Spritzer Weißwein- oder Apfelessig
weißer Pfeffer, geriebene Muskatnuss, Salz
1 EL getrockneter Majoran
1 EL gehackte Petersilie
2 EL (50 g) saure Sahne (10 % Fett)

Pro Person etwa:
135 kcal; 5 g Eiweiß, 3 g Fett, 22 g Kohlenhydrate

Das Gemüse waschen. Die Kartoffeln schälen und klein schneiden. Die Karotten putzen, schälen und in Scheiben schneiden. Den Lauch in schmale Ringe schneiden. Den Sellerie schälen und fein würfeln. Das Gemüse zusammen mit dem Lorbeerblatt in 1 Liter Wasser zugedeckt etwa 20 Minuten bei mäßiger Hitze garen. Etwas Flüssigkeit abnehmen und zusammen mit dem Mehl glatt rühren. Das Gemüse im Topf grob pürieren. Die Mehlmischung einrühren und das Ganze 5 Minuten offen durchköcheln lassen, damit der Mehlgeschmack verschwindet. Die Suppe mit Brühe, Essig, Pfeffer, Muskat sowie Salz abschmecken und den Majoran sowie die Petersilie einrühren. Zum Schluss die saure Sahne mit einem Schneebesen unterziehen

Tomatensuppe

Für 4 Personen

1 Zwiebel (70 g)
1 Knoblauchzehe
1 EL Butter (10 g)
½ Bund Basilikum (10 g)
1 große Dose geschälte Tomaten (850-ml-Dose)
500 ml Gemüsebrühe (Würfel oder Instantpulver)
weißer Pfeffer aus der Mühle
Salz

Die Zwiebel sowie den Knoblauch schälen und fein hacken. Das Basilikum waschen, trockenschütteln und fein hacken. Die Butter in einem Topf zerlassen und darin die Zwiebel zusammen mit dem Knoblauch andünsten. Das Basilikum hinzugeben und kurz mitdünsten. Die Tomaten samt der Flüssigkeit in den Topf geben. Unter Rühren erhitzen, die Brühe dazugießen und das Ganze durchköcheln

Tipp
Dazu passt am besten knuspriges Brot.

lassen. Die Suppe anschließend mit einem Passierstab im Topf pürieren und mit Pfeffer sowie Salz abschmecken.

Pro Person etwa:
70 kcal; 3 g Eiweiß, 3 g Fett,
7 g Kohlenhydrate

Champignonsuppe

Für 4 Personen

2 Frühlingszwiebeln (ca. 50 g)
1 Knoblauchzehe
400 g frische Champignons
1/2 Bund glatte Petersilie
1 EL Sonnenblumenöl (10 g)
weißer Pfeffer, geriebene Muskatnuss
1 EL Mehl (15 g)
2 cl Weinbrand
700 ml Fleisch- oder Gemüsebrühe (Würfel oder Instantpulver)
evtl. Salz

Die Frühlingszwiebeln waschen, mit Küchenpapier trockentupfen, putzen, dann die Halme in schmale Ringe schneiden und die Zwiebelkörper fein würfeln. Die Knoblauchzehe schälen und sehr fein hacken oder durch eine Presse drücken. Die Pilze waschen, trockentupfen, falls nötig putzen, dann die Hälfte fein hacken und den Rest blättrig schneiden. Die Petersilie waschen, trockenschütteln und fein hacken. Das Öl in einem Topf erhitzen, die Frühlingszwiebeln zusammen mit dem Knoblauch darin unter Rühren andünsten, dann die Pilze sowie die Petersilie dazugeben und das Ganze offen etwa 3 Minuten bei milder Hitze dünsten. Mit Pfeffer und Muskat würzen. Das Mehl darüber stäuben und leicht anschwitzen. Den Topf vom Herd nehmen, die Pilzmasse mit Weinbrand ablöschen, alles gut miteinander verrühren, dann etwas Brühe angießen und das Ganze wieder zum Kochen bringen. Unter Umrühren die restliche Brühe dazugießen und die Suppe bei milder Hitze 5 Minuten köcheln lassen. Erneut mit Pfeffer und eventuell etwas Salz abschmecken.

Tipp
Dazu passt knuspriges Baguette.

Pro Person etwa:
75 kcal; 4 g Eiweiß, 3 g Fett,
5 g Kohlenhydrate

Klare Tomatensuppe mit Crostinis

Für 4 Personen

500 g vollreife Fleischtomaten
150 g Zwiebeln
1 Knoblauchzehe
2 Zweige Liebstöckel oder Selleriegrün
1 EL Olivenöl
je 1 Msp. getrocknetes Basilikum und Thymian
700 ml Fleisch- oder Gemüsebrühe (aus Würfel oder Instantpulver)
weißer Pfeffer, Salz
8 Scheiben Baguette

Pro Person etwa:
120 kcal; 4g Eiweiß, 3 g Fett, 17 g Kohlenhydrate

Die Tomaten waschen, mit Küchenpapier trockentupfen, halbieren, die Stielansätze herausschneiden und das Fleisch in Würfel schneiden. Die Zwiebeln sowie die Knoblauchzehe schälen und fein würfeln. Den Liebstöckel oder das Selleriegrün waschen, trockentupfen, die Blättchen von den Stielen zupfen und in feine Streifen schneiden. Das Öl in einem Topf erhitzen. Die Zwiebeln und den Knoblauch darin andünsten, dann die Tomaten hinzugeben und offen mitdünsten. Die frischen sowie getrockneten Kräuter dazugeben und das Ganze mit der Brühe ablöschen. Es unter Umrühren aufkochen lassen und zugedeckt bei milder Hitze etwa 15 Minuten leise köcheln lassen. Die Suppe mit Pfeffer und Salz abschmecken. Die Brotscheiben goldbraun toasten, quer durchschneiden und auf vier Suppenteller oder -tassen verteilen. Die Tomatensuppe darüber geben.

Brokkolisuppe

Für 4 Personen

300 g Brokkoli
1 mehligkochende Kartoffel (ca. 75 g)
700 ml Gemüse- oder Fleischbrühe (aus Würfel oder Instantpulver)
weißer Pfeffer, geriebene Muskatnuss
4 TL (50 g) saure Sahne (10 % Fett)

Den Brokkoli waschen, trockentupfen, von den großen Strünken die Haut mit einem spitzen Messer abziehen, das Gemüse zerteilen, die Strünke grob zerkleinern, die Stiele mit den Röschen in mundgerechte Stücke schneiden. Die Kartoffel waschen, schälen und würfeln. Die Brühe in einem hohen Topf zum Kochen bringen und das Gemüse dazugeben. Bei milder Hitze zugedeckt etwa 10 Minuten garen. Den Topf vom Herd nehmen und das Gemüse in der Brühe mit einem Passierstab fein pürieren oder das Gemüse mit einer

Schaumkelle aus der Brühe nehmen und in einem Elektromixer pürieren. Dabei etwas Brühe hinzugießen, das Gemüsepüree dann unter die restliche Brühe rühren. Die Suppe nochmals aufkochen, dann mit Pfeffer sowie Muskat abschmecken und auf vier Suppentassen oder Teller verteilen. Auf jede Portion etwas saure Sahne setzen.

Tipp

Sie können noch geröstete Weißbrotwürfelchen auf die Suppe streuen: Toastbrot goldbraun rösten und dann würfeln. Wer Knoblauch mag, kann die Toastbrotscheiben damit einreiben.

Pro Person etwa:
60 kcal; 4 g Eiweiß, 2 g Fett,
6 g Kohlenhydrate

Kohlrabisuppe

Für 4 Personen

2 schöne Kohlrabiknollen mit Grün (ca. 400 g geputzt)
1 EL Butter (10 g)
weißer Pfeffer, geriebene Muskatnuss, Salz
750 ml Gemüse- oder Fleischbrühe (Würfel oder Instantpulver)
1 EL Mehl

Die Kohlrabiknollen putzen und schälen. Die inneren grünen Stängel samt den Blättern klein schneiden, die äußeren Stängel mit den harten Blättern nicht verwenden. Die Knollen zunächst vierteln, dann die Stücke in feine Scheiben schneiden oder hobeln oder in bleistiftdicke Stifte schneiden. Die Butter in einem Topf erhitzen, das Gemüse samt Grün dazugeben und unter gelegentlichem Rühren bei milder Hitze andünsten. Mit Pfeffer, Muskat und Salz würzen, die Brühe angießen und das Ganze zum Kochen bringen. Zugedeckt bei milder Hitze 7 Minuten garen, bis der Kohlrabi weich ist. Etwas Brühe abnehmen, das Mehl einrühren und die Mischung in die Suppe rühren. Die Suppe noch weitere 5 Minuten leise köcheln lassen, um eine feine Bindung zu erreichen. Sie dann erneut abschmecken und auf Suppentassen oder Teller verteilen.

Pro Person etwa:
70 kcal; 3 g Eiweiß, 3 g Fett,
8 g Kohlenhydrate

Spargelsuppe auf leichte Art

Für 4 Personen

400 g Spargelstücke (Bruchspargel)
1 EL Butter (10 g)
1 TL Zucker (5 g)
Salz
1 Kartoffel (75 g)
1 TL Instant-Gemüsebrühe
1/2 Bund Petersilie (10 g)
1 EL Crème fraîche (25 g)
weißer Pfeffer, geriebene Muskatnuss

Pro Person etwa:
80 kcal; 3 g Eiweiß, 4 g Fett, 7 g Kohlenhydrate

Den Spargel waschen, putzen und dünn schälen. Etwa 1 Liter Wasser zum Kochen bringen, Butter, Zucker, Salz sowie die Spargelschalen hineingeben, den Bruchspargel in etwa 2 cm lange Stücke schneiden, in einen Siebeinsatz geben und in den Topf hängen. Das Ganze zugedeckt etwa 25 Minuten bei mäßiger Hitze garen. Die Spargelstücke herausnehmen und in einen anderen Topf geben. Die Kartoffel schälen, dazureiben und etwas von der Spargelbrühe dazugeben. Das Ganze weitere 5 Minuten köcheln lassen, dann mit einem Passierstab im Topf pürieren. Die restliche Brühe mit den Spargelschalen auf ein Sieb geben, die Brühe auffangen und zur Spargel-Kartoffel-Mischung geben. Die Gemüsebrühe einrühren. Das Ganze zugedeckt 5 Minuten köcheln lassen. Die Petersilie waschen, trockenschütteln, fein hacken und unter die Suppe mischen. Die Suppe vom Herd nehmen und die Crème fraîche einrühren. Die Suppe mit Pfeffer, Muskat und Salz würzen.

Grüne Kräutersuppe mit Croûtons

Für 4 Personen

je 1 Bund (20 g) Petersilie, Dill, Basilikum
2 Schalotten
1 EL Butter (10 g)
2 cl trockener Sherry
1 l Gemüsebrühe (Würfel oder Instantpulver)
2 Scheiben Toastbrot (à 20 g)
1 kleine Knoblauchzehe

Die Kräuter waschen, trockenschütteln und fein hacken. Die Schalotten schälen und fein würfeln. Die Butter in einem Topf erhitzen und die Schalotten darin glasig werden lassen. Die Kräuter dazugeben und anschwitzen, anschließend das Ganze mit Sherry und etwa 100 Millilitern Brühe auffüllen. Durchköcheln lassen, dann mit einem Passierstab fein pürieren. Die restliche Brühe aufgießen und die Suppe einmal aufkochen lassen.

Das Brot goldgelb toasten. Den Knoblauch schälen, anschneiden und die Brote leicht damit abreiben. Die Brote in Würfel schneiden. Die Suppe in Suppentassen füllen und die Croûtons darauf verteilen.

Kräutersuppen sind in der Regel cremig-sahnig und werden mit einer hellen Mehlschwitze, Milch, Sahne oder Crème fraîche hergestellt. Sie enthalten daher relativ viel Fett für eine Suppe. Unsere Kräutersuppe ist dagegen eine leichte Suppe, die trotzdem vollaromatisch und kräuterfein schmeckt. Natürlich lässt sie sich auch gehaltvoller zubereiten. Sie können sie mit einem Klacks saurer Sahne oder leicht angeschlagener süßer Sahne verfeinern. Bedenken Sie aber, dass 1 Esslöffel saure Sahne (10 % Fett, 25 g) etwa 30 kcal mit sich bringt, bei süßer Sahne (30 % Fett) sind es stolze 75 kcal pro 25-g-Portion

Pro Person etwa:
70 kcal; 2 g Eiweiß, 3 g Fett,
8 g Kohlenhydrate

Zwiebelsuppe

Für 4 Personen

600 g Zwiebeln
1 EL Sonnenblumenöl
1 Schuss trockener Rotwein (ca. 50 ml)
750 ml Fleisch- oder Gemüsebrühe (aus Würfel oder Instantpulver)
weißer Pfeffer, Salz
4 Scheiben Toastbrot (à 20 g)
4 Scheiben Schmelzkäse (30 % F. i. Tr. oder kalorienreduziert)

Pro Person etwa:
180 kcal; 7 g Eiweiß, 7 g Fett, 20 g Kohlenhydrate

Die Zwiebeln schälen, halbieren und in sehr feine Halbringe schneiden. Das Öl in einem Topf erhitzen, die Zwiebeln dazugeben und bei milder Hitze unter gelegentlichem Durchrühren 5 Minuten andünsten. Dann den Deckel auflegen und die Zwiebeln noch etwa 20 Minuten weiterdünsten. Zwischendurch umrühren. Die Zwiebeln müssen weich und der scharfe Geschmack gemildert sein (lang gedünstete Zwiebeln schmecken leicht süßlich). Den Wein dazugeben, alles aufkochen, dann die Brühe hinzufügen und die Suppe nochmals aufkochen lassen. Mit Pfeffer und Salz abschmecken. Den Backofen auf 180 °C vorheizen und vier große Suppentassen bereitstellen. Die Toastbrotscheiben leicht rösten. Die Suppe auf die Tassen verteilen. Auf jede Portion eine Brotscheibe und darauf eine Scheibe Käse legen. Die Suppentassen auf ein Backblech stellen und das Ganze auf die mittlere Einschubleiste des Backofens schieben. Die Suppe kurz überbacken, bis der Käse schmilzt. Die Tassen mit einem Topflappen vom Blech nehmen und sofort servieren.

Tipp
Die Suppe ist kochendheiß. Bitte vorsichtig mit dem Essen beginnen!

Gemüse-Gulaschsuppe

Für 4 Personen

150 g Zwiebeln
1 Knoblauchzehe
300 g rote und grüne Paprikaschoten
100 g Karotten

Die Zwiebeln sowie den Knoblauch schälen und fein würfeln. Das Gemüse waschen. Die Paprikaschoten trockentupfen, halbieren, Stielansätze, Kerne sowie weiße Innenteile entfernen und das Fruchtfleisch in kleine Würfel oder kurze Streifen schneiden. Die Karotten putzen, schälen und in dünne Scheiben schneiden. Die Bohnen putzen und in 2 cm lange Stücke schneiden. Das Rindfleisch in mundgerechte Stücke schneiden. Das Butterschmalz in einem großen Topf erhitzen und das Fleisch darin von allen Seiten scharf anbraten. Es mit Kräutern, Kümmel, Pfeffer, Paprika und Salz gut würzen, dann die Zwiebeln sowie den Knoblauch zufügen und unter Rühren mitdünsten, bis die Zwiebeln leicht gebräunt sind. Das Gemüse sowie Zitronensaft und Zitronenschale hinzugeben und das Ganze bei milder Hitze im geschlossenen Topf 5 Minuten dünsten. Etwa 100 Milliliter Brühe angießen und die Gemüse-Fleisch-Mischung im geschlossenen Topf weitere 5 Minuten schmoren lassen. Dann die restliche Brühe zugeben, alles gut durchrühren und die Suppe zugedeckt noch 30 Minuten bei milder Hitze köcheln lassen. Etwas Brühe abnehmen, mit der Stärke verquirlen und diese Mischung zur köchelnden Suppe geben. Die Suppe unter Umrühren kurz aufwallen lassen, dann erneut abschmecken und servieren.

Tipp

Dazu passen Bauernbrot oder rustikale Brötchen (z. B. Kümmel- oder Zwiebelbrötchen)

100 g frische grüne Bohnen
350 g mageres Rindfleisch
20 g Butterschmalz
getrockneter Thymian und Majoran, Kümmel
weißer Pfeffer, edelsüßes Paprikapulver, Salz
1 EL Zitronensaft
1 Msp. abgeriebene Schale von einer unbehandelten Zitrone
700 ml Fleischbrühe (Würfel oder Instantpulver)
1 EL Speisestärke

Pro Person etwa:
240 kcal; 19 g Eiweiß, 14 g Fett, 9 g Kohlenhydrate

Für 4 Personen

10 g getrocknete chinesische Pilze
300 g gegartes Hühnerfleisch ohne Haut (z. B. Rest von Brathähnchen, gegrillten Hähnchenkeulen oder gekochtem Suppenhuhn)
1 kleine Zwiebel
150 g Karotten
1 Stück Lauch (ca. 100 g)
1 EL Soja- oder Sesamöl
weißer Pfeffer, gemahlener Kreuzkümmel oder Currypulver, Salz
1 TL fein geschnittenes Zitronengras
2 Zweige frischer Thymian
600 ml Hühnerbrühe (Würfel oder Instantpulver)
40 g Glasnudeln (Rohgewicht)

Pro Person etwa:
150 kcal; 19 g Eiweiß, 4 g Fett, 10 g Kohlenhydrate

Hühnersuppe nach asiatischer Art

Die Trockenpilze in warmem Wasser einweichen und etwa 20 Minuten quellen lassen. Dann abgießen und in feine Streifen schneiden. Das Hühnerfleisch von den Knochen lösen und klein schneiden. Die Zwiebel schälen und fein würfeln. Die Karotten waschen, putzen, schälen, der Länge nach durchschneiden und in sehr feine Streifen schneiden. Den Lauch sorgfältig waschen, putzen und das Stück quer durchschneiden. Die Lauchstücke ebenfalls in sehr feine Streifen schneiden. Das Öl in einem Topf erhitzen und die Zwiebelwürfel darin glasig werden lassen. Die Karotten- sowie Lauchstreifen hinzugeben und alles unter gelegentlichem Durchrühren andünsten. Das Fleisch und die Pilzstreifen hinzufügen. Alles mit Pfeffer, Kreuzkümmel oder Curry und mit Salz würzen, dann das Zitronengras unterrühren. Den Thymian waschen, mit Küchenpapier abtupfen und die Zweige in den Topf geben. Das Ganze mit der Brühe auffüllen und zugedeckt zum Kochen bringen. Die Glasnudeln in kaltem Wasser 5 Minuten einweichen, dann abtropfen lassen und mit einer Küchenschere in kurze Stücke schneiden. Sie zur Suppe geben und das Ganze bei mäßiger Hitze zugedeckt 7 Minuten kochen lassen. Die Suppe erneut abschmecken und vor dem Servieren die Thymianzweige herausnehmen

Fisch-Gemüse-Eintopf

Den Reis nach Packungsanweisung in etwa 750 ml Salzwasser garen. Die Zwiebel schälen und fein würfeln. Den Sellerie und die Karotten waschen, putzen, schälen und grob würfeln. Die Frühlingszwiebeln waschen, putzen und schräg in 2 cm lange Stücke schneiden. Das Öl in einem großen Topf erhitzen und das Gemüse darin unter Rühren andünsten. Die Brühe sowie den Wein angießen und alles bei milder Hitze im geschlossenen Topf 10 Minuten garen. Die Fischfilets kalt abbrausen, mit Küchenpapier abtupfen und mit Zitronensaft rundherum einreiben. Einige Minuten durchziehen lassen, dann wieder abtupfen und in Würfel schneiden. Mit Fischgewürz von allen Seiten würzen. Die Fischwürfel zum Gemüse in den Topf geben und darin 5 bis 10 Minuten garziehen lassen. Den gegarten Reis dazugeben und das Ganze noch einmal mit Fischgewürz abschmecken.

Tipp
Dazu passen knusprig angeröstete Baguettescheiben.

Für 4 Personen

200 g Langkornreis (Rohgewicht)
Salz
1 Zwiebel
200 g Sellerieknolle
200 g Karotten
4 Frühlingszwiebeln
2 EL Sonnenblumenöl
500 ml Gemüsebrühe (aus Würfel oder Instantpulver)
100 ml trockener Weißwein
400 g frisches Fischfilet (z. B. Rotbarsch)
1 EL Zitronensaft
1 EL Fischgewürz (Fertigwürzmischung)

Pro Person etwa:
315 kcal; 23 g Eiweiß, 9 g Fett, 30 g Kohlenhydrate

Linseneintopf

Für 4 Personen

250 g Linsen (Trockengewicht)
1 Zwiebel
100 g Karotten
100 g Lauch
30 g magerer durchwachsener Räucherspeck in dünnen Scheiben
1 EL Sonnenblumenöl
2 Lorbeerblätter
700 ml Fleisch- oder Gemüsebrühe (Würfel oder Instantpulver)
1 TL Mehl
weißer Pfeffer, geriebene Muskatnuss, Salz
ein Spritzer Apfelessig

Pro Person etwa:
300 kcal; 17 g Eiweiß, 9 g Fett, 38 g Kohlenhydrate

Die Linsen kalt abbrausen und auf einem Sieb gut abtropfen lassen. Die Zwiebel schälen und fein würfeln. Die Karotten waschen, putzen, schälen, der Länge nach vierteln, dann die Viertel quer in schmale Scheiben schneiden. Den Lauch sorgfältig waschen und putzen, das Lauchstück längs halbieren und in sehr feine Streifen schneiden. Den Räucherspeck ebenfalls in sehr feine Streifen schneiden. Das Öl in einem Topf erhitzen, den Speck und die Zwiebelwürfel darin anbraten, dann das restliche Gemüse sowie die Linsen und die Lorbeerblätter dazugeben. Das Ganze unter Umrühren bei milder Hitze andünsten, dann mit der Brühe auffüllen und zum Kochen bringen. Zugedeckt bei mäßiger Hitze etwa 40 Minuten garen. Etwas Flüssigkeit abnehmen, mit dem Mehl verquirlen und die Mischung in die köchelnde Suppe einrühren. Das Ganze 5 Minuten durchköcheln lassen, dann mit Pfeffer, Muskat, Salz und etwas Apfelessig abschmecken. Vor dem Servieren die Lorbeerblätter entfernen.

Tipp

Wenn Sie den Speck (es ist ja recht wenig!) weglassen, sparen Sie pro Person 47 kcal und 5 g Fett. Allerdings geht auch einiges an Geschmack verloren.

Herbst-Eintopf

Für 4 Personen

400 g Wirsing
200 g Karotten
200 g Lauch
500 g Kartoffeln
1 Zwiebel
400 g Schweinebraten (aus der Keule)
2 EL Sonnenblumenöl
Würzmischung für Kartoffelgerichte
500 ml Fleischbrühe (Würfel oder Instantpulver)
knusprige Croûton-Gewürzmischung für Gemüsegerichte

Das Gemüse waschen und putzen. Vom Wirsing die Hüllblätter entfernen, den Strunk wegschneiden und den Wirsing quer in feine Streifen schneiden. Die Karotten schälen und würfeln. Den Lauch in feine Scheiben schneiden, diese zu Röllchen auseinanderdrücken und nochmals gut abspülen, um Reste von Sand und Erde zu entfernen, dann gut abtropfen lassen. Die Kartoffeln schälen und würfeln. Die Zwiebel schälen und klein schneiden. Das Fleisch kalt abspülen, mit Küchenpapier trockentupfen, dann in Würfel schneiden. Das Öl in einem Bräter erhitzen, die Zwiebel dazugeben und darin glasig werden lassen. Die Fleischwürfel dazugeben, kräftig anbraten, dann mit der Kartoffel-Würzmischung bestreuen. Das Gemüse dazugeben und alles 5 Minuten dünsten. Die Fleischbrühe dazugeben und das Ganze zugedeckt etwa 35 Minuten bei mittlerer Hitze schmoren. Den Eintopf erneut mit der Kartoffel-Würzmischung abschmecken, auf Teller verteilen und mit den fertig gewürzten Croûtons bestreuen.

Tipp

Für Gemüsegerichte und Salate gibt es im Handel fertige Gewürzmischungen mit knusprigen Zutaten wie gerösteten Brotwürfelchen, Sesam, Nussstückchen, dazu Kräuter und Gewürze. Die Gewürzmischung streut man erst bei Tisch auf das Gemüse oder auf den Salat. So wird das Ganze knusprig-knackig, weicht nicht durch und sieht immer appetitlich aus.

Pro Person etwa:
490 kcal; 25 g Eiweiß, 30 g Fett, 30 g Kohlenhydrate

Nudeleintopf

Für 4 Personen

200 g Karotten
100 g grüne Bohnen
1 l Gemüse- oder Fleischbrühe (Würfel oder Instantpulver)
200 g Erbsen (TK-Ware)
100 g Suppennudeln (Rohgewicht)
weißer Pfeffer, geriebene Muskatnuss, Salz
2 EL fein gehackte Petersilie

Pro Person etwa:
160 kcal; 8 g Eiweiß, 2 g Fett, 29 g Kohlenhydrate

Die Karotten waschen, putzen, schälen und in kleine Würfel schneiden. Die Bohnen waschen, putzen und in etwa 2 cm lange Stücke schneiden. Die Brühe zum Kochen bringen und die Karotten, Bohnen sowie Erbsen darin etwa 7 Minuten köcheln lassen. Die Nudeln dazugeben und die Suppe zugedeckt weitere 5 Minuten kochen lassen. Die Suppe mit Pfeffer, Muskat sowie Salz würzen und mit Petersilie bestreut servieren.

Tipp
Statt Bohnen können Sie auch Brokkoliröschen nehmen.

Halloween-Eintopf

Für 4 Personen

1 Zwiebel (70 g)
1 Stück (400 g) frischer Speisekürbis (ersatzweise 300 g aus dem Glas)
300 g Kartoffeln
1 Bund Lauchzwiebeln (150 g)
2 Tomaten (150 g)
40 g Kürbiskerne
500 ml Gemüsebrühe (Würfel oder Instantpulver)
Ingwerpulver, Currywürzpaste, Zucker

Pro Person etwa:
165 kcal; 7 g Eiweiß, 6 g Fett, 20 g Kohlenhydrate

Einen Römertopf wässern. Die Zwiebel schälen und fein würfeln. Den frischen Kürbis schälen, die Kerne entfernen und das Fruchtfleisch würfeln.Die Kartoffeln waschen, schälen und würfeln. Die Lauchzwiebeln waschen, putzen und klein schneiden. Die Tomaten waschen, halbieren, die Stielansätze herausschneiden und das Fruchtfleisch klein schneiden. Die Kürbiskerne in einer beschichteten Pfanne ohne Fettzugabe anrösten. Das Gemüse und die Kürbiskerne in den Römertopf einschichten. Die Brühe dazugeben und das Ganze kräftig würzen. Den Backofen auf 200 °C vorheizen, den Deckel auf den Römertopf legen und den Eintopf auf mittlerer Schiene im Backofen etwa 35 Minuten garen.

Reiseintopf mit Rindfleisch

Das Fleisch mit kaltem Wasser abbrausen, mit Küchenpapier trockentupfen und in mundgerechte Würfel schneiden. In einem großen Topf das Öl erhitzen, das Fleisch von allen Seiten anbraten, mit Pfeffer und Salz kräftig würzen und die Wacholderbeeren sowie das Lorbeerblatt dazugeben. Die Zwiebel schälen und klein schneiden, zum Fleisch geben, kurz andünsten und 100 Milliliter Wasser dazugeben. Das Gemüse waschen, putzen, die Karotten schälen und würfeln, den Lauch in Ringe oder Streifen schneiden und das Gemüse zum Fleisch geben. Das Ganze aufkochen, etwa 1,4 Liter Wasser dazugeben und alles zugedeckt bei mäßiger Hitze 30 Minuten köcheln lassen. Den Reis und die Instantbrühe bzw. die Brühwürfel dazugeben und den Eintopf weitere 20 Minuten leise köcheln lassen, zwischendurch umrühren. Vor dem Servieren das Lorbeerblatt entfernen, den Eintopf mit Pfeffer sowie Salz abschmecken und die Petersilie untermischen.

Tipp
Wenn die Brühe noch kräftiger sein soll, kochen Sie ein paar Markknochen mit.

Für 4– 6 Personen

500 g mageres Rindfleisch ohne Knochen (Brustspitze oder hohe Rippe)
2 EL Sonnenblumenöl
weißer Pfeffer, Salz
3 Wacholderbeeren
1 Lorbeerblatt
1 kleine Zwiebel (40 g)
200 g Karotten
1 Stück Lauch (75 g)
80 g Langkornreis (Rohgewicht)
3 EL Instant-Fleischbrühe (Pulver) oder 3 Würfel Klare Fleischsuppe (für 1 1/2 Liter Brühe)
2 EL feingehackte Petersilie

Pro Person etwa (bei 6 Portionen):
310 kcal; 21 g Eiweiß, 19 g Fett, 14 g Kohlenhydrate

Salate, Vorspeisen, kleine Gerichte und Dips

In der „Low-fat-Küche“ spielen gerade diese Gerichte eine wichtige Rolle, denn nicht selten unterschätzt man ihren Fett- und Kaloriengehalt gewaltig. Wie Sie garantiert Fett und Kalorien sparen können, dabei aber keineswegs auf Geschmack und Vielfalt verzichten müssen, zeigt Ihnen die folgende Rezeptauswahl. Die Salate der jeweiligen Saison, die Vielfalt der Vorspeisen, kleinen Snacks, Dressings und Dips werden Sie ins Schwärmen bringen.

Gemüsesalat „Fantastico“

Für 4 Personen

1 Packung Kaisergemüse (TK-Ware, 450 g)
Salz
250 g Hähnchenbrustfilet
weißer Pfeffer, geriebene Muskatnuss, Currypulver
2 EL Sonnenblumenöl
2 rote Zwiebeln
1 Knoblauchzehe
½ Bund Schnittlauch
150 g saure Sahne (10 % Fett)
150 g verrührter Magermilchjoghurt
2 EL Weißweinessig

Das Gemüse in kochendes Salzwasser geben und bissfest garen. Inzwischen das Fleisch mit kaltem Wasser abspülen, mit Küchenpapier trockentupfen und mit Pfeffer, Muskat, Curry sowie Salz würzen. Das Öl in einer beschichteten Pfanne erhitzen, darin das Fleisch von allen Seiten gut anbraten, auf Küchenpapier etwas abtropfen lassen und in Würfel schneiden. Das Gemüse auf ein Sieb schütten, mit kaltem Wasser abschrecken, gut abtropfen lassen und in eine Schüssel geben. Die Zwiebeln sowie den Knoblauch schälen und die Zwiebeln in feine Streifen schneiden. Den Knoblauch durch eine Presse in ein Rührgefäß drücken. Den Schnittlauch waschen, trockentupfen, in Röllchen schneiden und dazugeben. Die saure Sahne, den Joghurt sowie den Essig hinzufügen und alles zu einer cremigen Sauce verrühren. Mit Pfeffer, Curry und Salz würzen. Das Dressing unter das Gemüse mischen und die Hähnchenwürfel zusammen mit den Zwiebelstreifen auf dem Salat verteilen.

Pro Portion etwa:
220 kcal; 21 g Eiweiß, 10 g Fett, 12 g Kohlenhydrate

Feiner Salat mit geräucherter Gänsebrust

Für 4 Personen

100 g Feldsalat
1 kleiner Kopf Friséesalat (ca. 150 g geputzt)
250 g Kirschtomaten
150 g geräucherte Gänsebrust in dünnen Scheiben
1 Schalotte
3–4 EL Sherry-Essig
1 TL Dijonsenf
Jodsalz
weisser Pfeffer
4 EL Sojaöl

Pro Portion etwa:
200 kcal; 9 g Eiweiß, 17 g Fett, 2 g Kohlenhydrate

Die Salate waschen, putzen und trocknenschleudern. Den Friséesalat in mundgerechte Stücke pflücken und zusammen mit dem Feldsalat auf Tellern anrichten. Die Tomaten waschen, trockentupfen, vierteln und die Viertel zwischen den Salatblättern verteilen. Die Gänsebrustscheiben auf den Tellern hübsch anordnen. Die Schalotte schälen, fein würfeln und zusammen mit Essig, Senf, Jodsalz sowie Pfeffer gründlich verrühren, das Öl darunterschlagen und die Marinade über dem Salat sowie der Gänsebrust verteilen.

Tipp:
Den Salat zusammen mit Baguette servieren.

Exotischer Tricolore-Salat

Für 4 Personen

150 g dreifarbige Reismischung (ersatzweise normaler Langkornreis)
Salz
100 g rote Zwiebeln
30 g frische Ingwerwurzel
4–5 EL Zitronensaft
weißer Pfeffer, Zucker
2 EL Sojasauce
4 EL Sonnenblumenöl (40 g)

Die Reismischung nach Packungsanweisung in kochendem Salzwasser körnig kochen, auf ein Sieb schütten, mit kaltem Wasser abschrecken, gut abtropfen und abkühlen lassen. Inzwischen die Zwiebeln schälen und fein würfeln. Den Ingwer schälen, fein reiben, zusammen mit Zitronensaft, Pfeffer, Zucker, Salz, Sojasauce sowie Öl in eine Schüssel geben und alles zu einer Marinade verrühren. Die Hälfte der Sauce mit dem Reis sowie den Zwiebeln vermengen und alles etwa 30 Minuten kühl stellen. Von den Mangos mit einem spitzen Messer die Haut abziehen, das Fruchtfleisch stückweise vom Kern lösen und in dünne Spalten schneiden. Die Rauke verlesen, waschen, trockenschütteln und die harten Stiele wegschneiden. Den Reis zusammen mit der Rauke sowie den Mangospalten dekorativ auf einer Servierplatte anrichten und darüber die restliche Marinade verteilen.

2 vollreife Mangos (à ca. 200 g Fruchtfleisch)
300 g Rauke (Rucola)

Pro Portion etwa:
320 kcal; 5 g Eiweiß, 11 g Fett, 50 g Kohlenhydrate

Festlicher Salat mit Senfsauce

Für 4 Personen

200 g Feldsalat
1 Orange (100 g Fruchtfleisch)
1 kleine vollreife Avocado (175 g Fruchtfleisch)
100 g blaue Weintrauben
50 g Bündner Fleisch in hauchdünnen Scheiben
1 EL Kräuteressig
2 EL milder vollaromatischer Senf (z. B. Löwensenf)
weißer Pfeffer, Salz
2 EL Walnusskernöl (20 g)
20 g grob gehackte Walnusskerne

Den Feldsalat waschen, trockenschleudern, verlesen, putzen und in eine Schüssel geben. Die Orange dick schälen, dabei auch die weiße Haut entfernen, die Filets aus den Häuten lösen und quer durchschneiden. Die Avocado der Länge nach halbieren, mit einem spitzen Messer die ledrige Haut abziehen, den Kern herauslösen und aus dem Fruchtfleisch mit einem Kugelausstecher kleine Kugeln auslösen. Die Weintrauben waschen, von den Stielen zupfen, halbieren und dabei die Kerne entfernen. Den Feldsalat auf Tellern verteilen, Orangenstücke und Avocadokugeln, Trauben sowie das Bündner Fleisch jeweils um den Salat herum anrichten. Essig, Senf, Pfeffer sowie Salz verrühren, das Öl untermischen und die Sauce über die Salatportionen träufeln. Die Walnussstückchen darüber streuen.

Pro Portion etwa:
160 kcal; 4 g Eiweiß, 13 g Fett, 5 g Kohlenhydrate

Brokkolisalat „American“

Für 4 Personen

Für den Salat:
2 Packungen Brokkoliröschen (jeweils 300 g, TK-Ware)
Salz
250 g frische Champignons
2 EL Zitronensaft
200 g geräucherte Putenbrust
2 EL ungesalzene Erdnusskerne (20 g)

Für das Dressing:
150 g verrührter Magermilchjoghurt
1 EL (25 g) Salatmayonnaise (50 % Pflanzenöl)
2 cl Weinbrand
2 EL Zitronensaft
1 Knoblauchzehe
1 TL Tomatenmark (5 g)
2 EL frische fein gehackte Kräuter (Schnittlauch, Petersilie)
weißer Pfeffer, edelsüßes Paprikapulver, Cayennepfeffer, Zucker, Salz

Pro Portion etwa:
190 kcal; 22 g Eiweiß, 7 g Fett, 7 g Kohlenhydrate

Den Brokkoli in reichlich kochendem Salzwasser bissfest garen, auf ein Sieb schütten, mit kaltem Wasser abschrecken, gut abtropfen lassen und in mundgerechte Stücke schneiden. Die Champignons waschen, falls nötig putzen, in dünne Scheiben schneiden, diese in eine Schüssel geben und den Zitronensaft untermischen. Die Putenbrust in feine Streifen schneiden und die Erdnusskerne grob hacken. Für das Dressing den Joghurt zusammen mit der Mayonnaise, dem Weinbrand sowie dem Zitronensaft in ein Rührgefäß geben und alles gut verrühren. Den Knoblauch schälen und durch eine Presse dazudrücken. Das Tomatenmark sowie die Kräuter hinzugeben und das Ganze durchrühren. Mit den Gewürzen, abschmecken. Den Brokkoli zu den Champignons geben, alles vorsichtig vermengen und das Dressing unterheben. Den Salat mit den Putenbruststreifen und den Erdnussstückchen bestreuen.

Tipp

Natürlich können Sie auch frischen Brokkoli verwenden. Wenn Sie die Strünke und Stiele mitverwenden möchten, sollten Sie die faserige Haut mit einem spitzen Messer abziehen.

Brokkolisalat »American«, Rezept Seite 80

Oben: Kartoffelsuppe mit Scampi, Rezept Seite 61
Links: Gemüsereis nach Bauernart, Rezept Seite 101
Unten: Gemüsepfanne mit Putenfleisch, Rezept Seite 109

Oben: Rahm-Spinat-Pfanne, Rezept Seite 105
Links: Gefüllte Champignons, Rezept Seite 84
Unten: Gemüse-Scampi-Pfanne, Rezept Seite 148

Oben: Salbeinudeln mit Austernpilzen, Rezept Seite 106
Unten: Posthörnle-Pfannkuchen, Rezept Seite 107

Oben: Seelachsfilet nach italienischer Art, Rezept Seite 141
Unten: Pochiertes Fischfilet auf Möhren, Rezept Seite 143

Knusper-Hähnchenschenkel, Rezept Seite 131

Caramba-Salat

Für 4 Personen

Für den Salat:
1 Dose Maiskörner (Goldmais, 300 g)
1 kleine vollreife Avocado (175 g Fruchtfleisch)
2 EL Zitronensaft
3 Tomaten (300 g)
100 g Feldsalat
12 (200 g) küchenfertige Scampi (TK-Ware)
2 EL Knoblauchöl

Für das Dressing:
1 Zwiebel (70 g)
1 Knoblauchzehe
2 EL Zitronensaft
weißer Pfeffer, Chilipulver oder Cayennepfeffer, Zucker, Salz
2 EL Walnusskernöl

Den Mais abtropfen lassen. Die Avocado der Länge nach halbieren, die Haut mit einem spitzen Messer abziehen, den Kern herauslösen und das Fruchtfleisch in Würfel schneiden. Den Zitronensaft darüber träufeln. Die Tomaten waschen, mit Küchenpapier trockentupfen, halbieren, jeweils den Stielansatz herausschneiden, die Tomatenhälften aushöhlen und das Fruchtfleisch in Würfel schneiden. Den Feldsalat waschen, trockenschleudern und putzen. Die Scampi antauen lassen. Das Öl in einer beschichteten Pfanne erhitzen und die Scampi darin von allen Seiten anbraten, herausnehmen und auf Küchenpapier abtropfen lassen. Für das Dressing die Zwiebel sowie den Knoblauch schälen, fein würfeln und in ein Rührgefäß geben. Den Zitronensaft und die Gewürze hinzugeben, das Ganze verrühren und das Öl darunterschlagen. Mais, Avocado sowie Tomaten locker vermengen und das Dressing untermischen. Den Feldsalat auf 4 Teller verteilen, jeweils die Maismischung in die Mitte geben und auf jeder Portion 3 Scampi anrichten.

Pro Person etwa:
315 kcal; 14 g Eiweiß, 20 g Fett, 19 g Kohlenhydrate

Für 4 Personen

Für den Salat:
1 kleiner Kopf Friséesalat (200 g)
1 kleiner Kopf Lollo rosso (200 g)
2 Frühlingszwiebeln (60 g)
1 Karotte (75 g)
2 Tomaten (150 g)

Für das Dressing:
4 EL Sonnenblumenöl (40 g)
6 EL Worcestershiresauce
1 EL fein gehackte gemischte frische Kräuter
1 EL mittelscharfer Senf (20 g)
1 Zwiebel (70 g)
2 Knoblauchzehen
500 g frische Champignons
weißer Pfeffer, Salz

Pro Person etwa:
145 kcal; 6 g Eiweiß, 11 g Fett, 4 g Kohlenhydrate

Blattsalat „Lord Sandys"

Die Salatköpfe in einzelne Blätter teilen, waschen, trockenschleudern, putzen und in mundgerechte Stücke pflücken. Die Frühlingszwiebeln waschen, putzen, trockentupfen und in feine Ringe schneiden. Die Karotte waschen, putzen, schälen und raspeln. Die Tomaten waschen, trockentupfen, die Stielansätze herausschneiden und das Fruchtfleisch in Achtel schneiden. Diese Zutaten in einer Schüssel locker vermengen, auf 4 Teller verteilen und hübsch anrichten.

Für das Dressing 3 Esslöffel Öl, 4 Esslöffel Worcestershiresauce, die Kräuter sowie den Senf in ein Rührgefäß geben und alles gut verrühren. Die Zwiebel sowie den Knoblauch schälen und fein würfeln. Die Pilze waschen, falls nötig putzen, und halbieren. Große Pilze in Scheiben schneiden. Das restliche Öl in einer beschichteten Pfanne erhitzen, darin Zwiebel- sowie Knoblauchwürfel dünsten, die Pilze dazugeben und mitbraten. Die restliche Worcestershiresauce dazugeben, das Ganze mit Pfeffer sowie Salz würzen und auf den Salatportionen verteilen. Das Dressing darüber träufeln.

Tipp
Man kann das Dressing auch mit trockenem Sherry zubereiten: 2 Esslöffel davon über die angebratenen Zutaten geben und die Worcestershiresauce weglassen.

Auberginenröllchen in Tomatensugo

Für 4 Personen

1 große Aubergine (ca. 350 g)
2 Kugeln Mozzarella
(Abtropfgewicht jeweils 125 g)
1 Bund Basilikum (20 g)
16 dünne Scheiben roher
Schinken ohne Fettrand (150 g)
weißer Pfeffer
1 Dose Tomatenstücke
(Pizzatomaten, 400 g Inhalt)
40 g Kräuterbutter
Salz

Die Aubergine waschen, trockentupfen, die Enden knapp abschneiden und die Frucht der Länge nach in 16 dünne Scheiben schneiden oder hobeln. Den Käse abtropfen lassen und in insgesamt 16 Scheiben schneiden. Das Basilikum waschen, trockenschütteln und die Blättchen von den Stielen zupfen. Auf jede Auberginenscheibe eine Scheibe Schinken, eine Scheibe Mozzarella und einige Basilikumblättchen legen, das Ganze mit Pfeffer würzen, jeweils aufrollen und mit einem Zahnstocher feststecken. Die Tomaten zusammen mit der Hälfte der Kräuterbutter zum Kochen bringen. Den Sugo mit Pfeffer sowie Salz würzen und in eine hitzefeste Form geben. Die Auberginenröllchen aufrecht hineinsetzen und die restliche Kräuterbutter in Flöckchen darauf verteilen. Den Backofen auf 175 °C vorheizen und die Auberginenröllchen auf mittlerer Einschubleiste 15 Minuten schmoren.

Tipp
Das Ganze mit Zucchini statt mit Auberginen ausprobieren und sie genauso zubereiten.

Pro Person etwa:
320 kcal; 25 g Eiweiß, 21 g Fett, 5 g Kohlenhydrate

Gefüllte Champignons

Für 4–6 Personen

6 Tomaten (600 g)
1 EL Olivenöl (10 g)
1 Päckchen (25 g) italienische Kräuter (TK-Ware)
20 große frische Champignons (ca. 600 g)
150 g Spinat (TK-Ware)
2 EL (50 g) saure Sahne (10 % Fett)
2 Knoblauchzehen
weißer Pfeffer, Salz
4 EL geriebener Emmentaler oder anderer Hartkäse (45 % F. i. Tr.)

Pro Person (bei 6 Portionen) etwa:
90 kcal; 7 g Eiweiß, 6 g Fett, 4 g Kohlenhydrate

Die Tomaten waschen, über Kreuz einritzen, kurz in kochendes Wasser halten, mit kaltem Wasser abschrecken und die Haut abziehen. Die Tomaten halbieren, die Stielansätze herausschneiden, aushöhlen und das Fruchtfleisch fein würfeln. Das Öl sowie die Kräuter untermischen und das Ganze in einer flachen Auflaufform verteilen. Die Champignons waschen, falls nötig putzen, trockentupfen; die Stiele vorsichtig herausdrehen, klein schneiden und in eine Schüssel geben. Den aufgetauten Spinat und die saure Sahne dazugeben. Den Knoblauch schälen und durch eine Presse dazudrücken. Alles gut miteinander vermengen, mit Pfeffer sowie Salz würzen und die Masse in die Champignonköpfe füllen. Den Backofen auf 200 °C vorheizen. Die gefüllten Champignonköpfe auf das Tomatenbett in der Auflaufform setzen, mit dem Käse bestreuen und im Backofen auf mittlerer Einschubleiste etwa 20 Minuten backen.

Tipp
Servieren Sie dieses Gericht als Vorspeise für 6 Personen oder als kleinen Imbiss für 4 Personen.

Würzige Löwenpäckchen

Für 8 Personen

Für den Dip:
150 g Magerquark
50 g Salatmayonnaise (50 % Pflanzenöl)
1–2 EL extrascharfer Senf (z. B. Löwensenf extra)
edelsüßes Paprikapulver, Salz
1 rote Paprikschote (ca. 150 g)
1 kleine Zwiebel (ca. 40 g)

Für die Päckchen:
3 kleine Zucchini (ca. 300 g)
200 g mittelalter Gouda im Stück
10 dünne Scheiben roher Schinken ohne Fettrand (ca. 120 g)
10 Stangen Grissini (italienische Gebäckstangen, Cigarettes russes)
10 Kirschtomaten (200 g)
1 EL Sonnenblumenöl (10 g)

Pro Person etwa:
230 kcal; 16 g Eiweiß, 13 g Fett, 11 g Kohlenhydrate

Den Quark, die Mayonnaise sowie den Senf in eine Schüssel geben und alles mit einem Schneebesen glatt rühren. Die Masse mit Paprika und Salz abschmecken. Die Paprikaschote waschen, mit Küchenpapier trockentupfen, halbieren, Stielansatz, Kerne sowie weiße Innenteile entfernen und das Fruchtfleisch fein würfeln. Die Zwiebel schälen, fein würfeln und zusammen mit der Paprika unter die Quarkcreme mischen. Den Dip bis zum Servieren im Kühlschrank durchziehen lassen. Die Zucchini waschen, trockentupfen, putzen und der Länge nach in möglichst dünne Scheiben schneiden (am besten mit der Brotschneidemaschine!). Den Käse in Würfel mit etwa 1 cm Kantenlänge schneiden. Die Schinkenscheiben der Länge nach halbieren. Die Grissinistangen halbieren. Jedes Grissinistück mit einer halben Schinkenscheiben umwickeln, das Ganze dann jeweils auf einen Zucchinistreifen legen und aufrollen. Mit Holzspießchen bzw. Zahnstochern feststecken. Für die andere Päckchenart die Tomaten waschen, trockentupfen und halbieren. Zwischen zwei Tomatenhälften jeweils einen Käsewürfel geben, das Ganze mit jeweils einem Zucchinistreifen umwickeln und mit Spießchen feststecken. Das Öl in einer beschichteten Pfanne erhitzen und darin die Päckchen von allen Seiten kurz anbraten, sodass die Zucchinistreifen nur leicht gedünstet werden. Die Päckchen auf einer Platte anrichten und den Dip dazu servieren.

Für 4–6 Personen

8 frische Eier (Gew. Kl. M)
8 EL fettarme Milch
20 g frisch geriebener Parmesan
weißer Pfeffer, Salz
3 EL Olivenöl (20 g)
20 frische kleine Salbeiblätter
100 g Kirschtomaten
200 g Mozzarella

Pro Person (bei 6 Portionen) etwa:
250 kcal; 17 g Eiweiß, 19 g Fett, 1 g Kohlenhydrate

Käse-Omelette

Die Eier in ein Rührgefäß schlagen, mit einem Schneebesen verquirlen, die Milch sowie den Parmesan darunter rühren und das Ganze mit Pfeffer sowie Salz würzen. Die Hälfte des Öls in einer beschichteten Pfanne erhitzen. Die Salbeiblättchen waschen und mit Küchenpapier abtupfen. Zehn Blättchen in der Pfanne verteilen, kurz anbraten und die Hälfte der Eiermasse darüber gießen. Das Ganze bei milder Hitze anbacken, den Deckel auflegen und etwa 7 Minuten stocken lassen. Inzwischen die Tomaten waschen, trockentupfen und in Scheiben schneiden. Den Mozzarella abtropfen lassen und in Scheiben schneiden. Die Hälfte der Tomaten- sowie Mozzarellascheiben auf dem Omelette verteilen, den Deckel auf die Pfanne legen und den Käse bei milder Hitze schmelzen lassen. Das Omelette aus der Pfanne nehmen und warm stellen. Das restliche Öl in der Pfanne erhitzen. Aus der restlichen Eimasse sowie den übrigen Salbeiblättern, Tomaten- und Mozzarellascheiben in gleicher Weise ein zweites Omelette zubereiten. Die Omelettes tortenstückartig in jeweils 6 Segmente teilen und auf Tellern anrichten.

Tipp

Wenn Sie die Omelettes als kleinen Imbiss servieren möchten, dann reicht das Rezept für 6 Personen. Für 4 Personen ergibt es ein Hauptgericht, das gut sättigt und schnell zubereitet ist – Ideal zum Beispiel als improvisiertes warmes Abendessen. Servieren Sie dazu frischen Salat und Baguette. Natürlich kann man beide Omelettes auch gleichzeitig in zwei Pfannen backen.

Pitta „Pronto"

Für 4 Personen

2 EL Olivenöl
2 Dosen (425-ml-Dosen à 300 g Abtropfgewicht) Ratatouille (französische Gemüsemischung)
4 kleine Fladenbrote (à 50 g)
150 g Schafskäse (40 % F. i. Tr.)
Schnittlauchröllchen

Den Backofen auf 100 °C vorheizen. Das Öl in einem Topf erhitzen. Das Gemüse abtropfen lassen, dazugeben und unter gelegentlichem Umrühren kurz aufkochen. Die Fladenbrote einige Minuten im Backofen aufbacken, bis sie schön knusprig sind. Jeweils eine Tasche in die Brote schneiden. Den Käse in kleine Würfel schneiden, unter die Ratatouille mischen und die Gemüsemischung in die Taschen füllen. Die Füllung mit Schnittlauch bestreuen und das Ganze warm servieren.

Tipp
Diese Mahlzeit ist ideal als sättigender Snack zwischendurch, wenn zum Beispiel das Mittagessen ausgefallen ist und sich am Nachmittag Hunger meldet.

Pro Person etwa:
340 kcal; 12 g Eiweiß, 14 g Fett, 37 g Kohlenhydrate

Für 4 Personen

200 g Frischkäse mit Kräutern (20 % F. i. Tr.)
100 g Magerquark
50 g gerührter Magermilchjoghurt
4 EL fein gehackte frische Kräuter (Petersilie, Schnittlauch, Dill, Kerbel)
schwarzer Pfeffer aus der Mühle, Salz
1 gelbe Paprikaschote (ca. 150 g)
1 rote Paprikaschote (ca. 150 g)
300 g Karotten
1 Kohlrabi (ca. 250 g)
4 Stängel Staudensellerie mit Grün (à ca. 60 g)
8 Stangen grüner Spargel (200 g)
4 Blätter Eisbergsalat
glatte Petersilie zum Garnieren

Pro Person etwa:
145 kcal; 14 g Eiweiß, 3 g Fett, 15 g Kohlenhydrate

Gemüse mit Kräuterquark

Den Frischkäse zusammen mit dem Quark und dem Joghurt glatt rühren, die Kräuter untermischen und das Ganze mit Pfeffer sowie Salz würzen. Das Gemüse waschen und putzen. Die Paprikaschoten halbieren, Stielansätze, Kerne sowie weiße Innenteile herausschneiden und das Fruchtfleisch der Länge nach in schmale Streifen schneiden. Die Karotten und den Kohlrabi schälen, die Karotten längs je nach Dicke vierteln, halbieren oder ganz lassen. Den Kohlrabi in bleistiftdicke Stifte schneiden. Den Staudensellerie in etwa 10 cm lange Stücke schneiden. Vom Spargel die Enden abschneiden und nur das untere Drittel der Stangen dünn schälen. Die Spargelstangen in kochendem Salzwasser etwa 5 Minuten blanchieren und mit kaltem Wasser abschrecken. Das Gemüse auf vier Tellern hübsch anrichten. Die Salatblätter waschen, trockentupfen und daneben arrangieren. Den Frischkäsedip in die Salatblätter füllen und das Ganze mit Petersilienblättchen garnieren. Das Gemüse in den Dip tunken und als Fingerfood verzehren.

Tipp
Dazu passen Grissinis (italienische Gebäckstangen) oder Toastbrot.

Delikatess-Burger „Scarlett“

Für 4 Personen

1 hart gekochtes Ei (Gew. Kl. M)
1 Hähnchenbrustfilet (250 g)
edelsüßes Paprikapulver, weißer Pfeffer, Salz
1 EL Sonnenblumenöl
3 Knoblauchzehen
2 EL (50 g) Salatmayonnaise (50 % Pflanzenöl)
2 EL Magerquark (50 g)
1 TL Zitronensaft
1 Prise Cayennepfeffer
4 knackige Salatblätter (z. B. Eisbergsalat)
4 kleine Tomaten (200 g)
4 Sandwich-Brötchen (à 50 g)
schwarzer Pfeffer aus der Mühle

Pro Person etwa:
320 kcal; 22 g Eiweiß, 12 g Fett, 31 g Kohlenhydrate

Das Ei pellen und in Scheiben schneiden. Das Fleisch mit kaltem Wasser abspülen, mit Küchenpapier trockentupfen und rundherum mit Paprika, Pfeffer sowie Salz würzen. In einer beschichteten Pfanne das Öl erhitzen, darin das Fleisch von allen Seiten goldbraun anbraten, herausnehmen und abkühlen lassen. Den Knoblauch schälen und durch eine Presse in eine Schüssel drücken. Mayonnaise, Quark sowie Zitronensaft dazugeben und das Ganze glatt rühren. Mit Pfeffer, Cayennepfeffer und Salz würzen. Die Salatblätter sowie die Tomaten waschen und trockentupfen. Von den Tomaten die Stielansätze herausschneiden und die Früchte in Scheiben schneiden. Das Hähnchenfleisch quer zur Faser in 4 Scheiben schneiden. Die Brötchen quer durchschneiden und die Unterhälften mit der Hälfte der Quarkcreme bestreichen. Darauf jeweils ein Salatblatt, 1 Scheibe Fleisch sowie einige Tomatenscheiben legen und die restliche Quarkcreme verteilen. Etwas Pfeffer darauf streuen und mit der zweiten Brötchenhälfte bedecken.

Tipp
Dieser „Burger“ bietet sich immer dann an, wenn man mit dem Kochen nicht viel Aufwand machen will und wenig Zeit hat.

Für 4 Personen

8 TL Halbfettbutter
8 Scheiben Roggenvollkornbrot (à 45 g)
einige Stiele Brunnenkresse oder ½ Kästchen Gartenkresse
8 kleine Scheiben (à 20 g) kalorienreduzierter Gouda oder anderer Schnittkäse (30 % F. i. Tr.)
Salatblätter zum Anrichten
1 Apfel (150 g)
1 EL Kürbiskerne (10 g)

Pro Person etwa:
355 kcal; 19 g Eiweiß, 13 g Fett, 39 g Kohlenhydrate

Kernige Käsebrote

Die Halbfettbutter dünn auf die Brotscheiben streichen. Die Kresse grob hacken und auf den Broten anrichten. Darauf je 1 Käsescheibe legen. Die Salatblätter waschen, trockentupfen und auf die Käsescheiben legen. Den Apfel waschen, trockentupfen, vierteln, das Kerngehäuse herausschneiden und die Apfelstücke in schmale Spalten schneiden. Die Brote auf 4 Teller verteilen, mit Apfelspalten garnieren und darüber die Kürbiskerne streuen.

Tipp
Sie können die Brote auch in kleine Häppchen teilen und als Snack auf einer Platte anrichten – besonders geeignet bei Besprechungen, wenn man nicht groß auftischen möchte.

Tomatendip

Für ca. 325 g

1 kleines frisches Eigelb
½ TL mittelscharfer Senf
Jodsalz
3 EL Sojaöl (30 g)
1 Spritzer Zitronensaft
40 g roher Schinken ohne Fettrand
1 Zwiebel
1 Knoblauchzehe
65 g Tomatenketchup
100 g saure Sahne (10 % Fett)
1 TL Kapern
2 EL (ca. 40 g) Maiskörner aus der Dose
Tabasco und Worcestershiresauce zum Abschmecken

Das Eigelb mit Senf und Jodsalz verquirlen, dann das Öl tropfenweise darunter schlagen, bis eine cremige Masse entsteht. Unter ständigem Rühren den Zitronensaft hinzufügen. Den Schinken fein würfeln und ohne Fettzugabe in einer beschichteten Pfanne anbraten. Die Zwiebel und die Knoblauchzehen schälen, fein würfeln und kurz mitbraten. Diese Mischung zusammen mit Ketchup, saurer Sahne, Kapern und Mais unter die Mayonnaise rühren, den Dip mit Tabasco und Worcestershiresauce abschmecken.

Tipp

Dieser Dip enthält durch die Streckung mit saurer Sahne deutlich weniger Fett als die klassische Sauce espagnole oder das Thousand-Island-Dressing, die beide mit normaler Mayonnaise (80 % Pflanzenöl) zubereitet werden.

100 g enthalten etwa:
205 kcal; 7 g Eiweiß, 15 g Fett, 9 g Kohlenhydrate

Für ca. 500 g

1 kleines frisches Eigelb
1/2 TL mittelscharfer Senf
Jodsalz
3 EL Sojaöl (30 g)
1 Spritzer Zitronensaft
50 g Banane
100 g Ananasstücke aus der Dose
1 kleiner Apfel (100 g)
150 g saure Sahne (10 % Fett)
3 TL milder Curry
1 Msp. geriebener Ingwer
weißer Pfeffer, etwas Zucker

100 g enthalten etwa:
140 kcal; 2 g Eiweiß, 10 g Fett, 9 g Kohlenhydrate

Fruchtiger Curry-Dip

Das Eigelb zusammen mit Senf sowie Jodsalz verquirlen, das Öl tropfenweise darunterschlagen, das Ganze mit Zitronensaft abrunden und so lange verrühren, bis die Masse hell und cremig ist. Das Obst sehr fein würfeln, ein paar Bananenscheiben zum Garnieren aufheben und dann die Fruchtstücke zusammen mit der sauren Sahne unter die Mayonnaise ziehen. Das Ganze mit den Würzzutaten fein aromatisch abschmecken, in ein Schälchen füllen und mit Bananenscheiben garnieren.

Tipp
In der Küchensprache heißt ein solcher Dip mit Mayonnaise als Basiszutat „gestreckte Mayonnaise". Man kann sie mit Joghurt, Dickmilch, Quark oder saurer Sahne strecken. Das Mengenverhältnis hängt vom gewünschten Fettgehalt des Dips und von seiner Konsistenz ab.

Gurken-Dip

Für ca. 500 g

1 frisches Eigelb
1 TL mittelscharfer Senf
Salz
7–8 EL Sojaöl (75 g)
1 Spritzer Zitronensaft
200 g Salatgurke
125 g Magerquark
1 Knoblauchzehe
½ Bund Basilikum
oder Dill (10 g)
weißer Pfeffer

Das Eigelb zusammen mit Senf und Salz verquirlen, das Öl langsam in dünnem Strahl darunter schlagen und das Ganze mit Zitronensaft abrunden. Die Gurke schälen, halbieren, die Kerne herausschaben, das Fruchtfleisch fein würfeln und dieses zusammen mit dem Quark unter die Mayonnaise rühren. Den Knoblauch schälen und durch eine Presse dazudrücken. Die Kräuter waschen, gut trockenschleudern, fein hacken und untermischen. Den Dip mit Pfeffer und Salz abschmecken.

100 g enthalten etwa:
175 kcal; 4 g Eiweiß, 16 g Fett,
2 g Kohlenhydrate

Orangen-Curry-Dip

Für ca. 250 g

1 frisches Eigelb
1 TL mittelscharfer Senf
Salz
3 EL Sojaöl (30 g)
1 Spritzer Zitronensaft
1 unbehandelte Orange
100 g Cremequark (0,2 % Fett)
50 g verrührter
Magermilchjoghurt
milder Curry, weißer Pfeffer

Das Eigelb zusammen mit Senf und Salz verquirlen, das Öl zunächst tropfenweise, dann in dünnem Strahl darunter schlagen und mit Zitronensaft abrunden. Die Orange mit heißem Wasser waschen, etwas von der Schale abreiben und die Frucht auspressen. Den Saft und die abgeriebene Orangenschale im Mixer auf höchster Stufe unter die Mayonnaise mischen. Den Quark sowie den Joghurt unterrühren und das Ganze kräftig mit Curry, Pfeffer sowie Salz abschmecken.

Tipp
Der Dip passt gut zu gebratenem und gegrilltem Geflügelfleisch.

100 g enthalten etwa:
180 kcal; 6 g Eiweiß, 15 g Fett,
5 g Kohlenhydrate

Kräuterquark

Für ca. 400 g

250 g Speisequark (20 % F. i. Tr.)
150 g fettarmer Naturjoghurt (1,5 % Fett)
weißer Pfeffer, Salz
½ kleine Zwiebel (20 g)
2 Knoblauchzehen
1 Bund Schnittlauch (20 g)
2 EL fein gehackter Dill (10 g)

100 g enthalten etwa:
85 kcal; 8 g Eiweiß, 3 g Fett,
4 g Kohlenhydrate

Den Quark zusammen mit dem Joghurt in einer Schüssel glatt rühren und das Ganze mit Pfeffer sowie Salz würzen. Die Zwiebelhälfte sowie den Knoblauch schälen. Die Zwiebel fein würfeln und zum Quark geben. Den Knoblauch durch eine Presse dazudrücken. Den Schnittlauch waschen, mit Küchenpapier trockentupfen, in feine Röllchen schneiden und zusammen mit dem Dill zum Quark geben. Zum Schluss alles gut verrühren.

Tipp
Kräuterquark passt zu Pellkartoffeln und Brot sowie als Dip zu Rohkostgemüse.

Tsatsiki

Für 4 Personen

250 g Speisequark (20 % F. i. Tr.)
150 g fettarmer Naturjoghurt (1,5 % Fett)
4 Knoblauchzehen
1 Stück Salatgurke (ca. 200 g)
weißer Pfeffer, Salz
3–4 EL fein gehackter Dill

Pro Person etwa:
90 kcal; 9 g Eiweiß, 4 g Fett,
5 g Kohlenhydrate

Den Quark zusammen mit dem Joghurt in einer Schüssel glatt rühren. Den Knoblauch schälen und durch eine Presse dazudrücken. Das Gurkenstück waschen, schälen, fein würfeln und untermischen. Das Ganze mit Pfeffer sowie Salz würzen, den Dill unterrühren und den Tsatsiki im Kühlschrank etwa 15 Minuten durchziehen lassen.

Tipp
Tsatsiki wird zu griechischen, türkischen und anderen südosteuropäischen Gerichten serviert.

Oliven-Knoblauch-Crème

Den Knoblauch sowie die Schalotten schälen und fein hacken. Die Oliven abtropfen lassen und in dünne Scheiben schneiden. Den Ricotta zusammen mit dem Joghurt glatt rühren, die zerkleinerten Zutaten untermischen und die Crème mit Pfeffer sowie Salz würzen. Mit Petersilie bestreut servieren.

Für 4 Personen

2 Knoblauchzehen
2 Schalotten
50 g grüne, mit Paprikamark gefüllte Oliven
150 g Ricotta (italienischer Frischkäse mit ca. 40 % F. i. Tr.)
150 g verrührter Magermilchjoghurt (0,2 % Fett)
weißer Pfeffer, Salz
2 EL fein gehackte Petersilie

Pro Person etwa:
90 kcal; 5 g Eiweiß, 6 g Fett,
3 g Kohlenhydrate

Hauptgerichte

Ob warmes Mittagessen und kaltes Abendessen bzw. umgekehrt oder ob Sie beides warm oder beides kalt genießen, die Regel, dass man einmal am Tag eine warme Mahlzeiten zu sich nehmen sollte, ist überholt. Wichtig dagegen ist es, dass Ihre Mahlzeiten ausgewogen und nicht zu fettreich sind. Man schreibt zwar warmen Mahlzeiten eine bessere Sättigungswirkung zu, doch hängt diese vor allem damit zusammen, dass man sich für den Verzehr einer heißen Speise mehr Zeit lassen muss und sie nicht in ein paar Bissen hinunterschlingen kann. Erst 15 Minuten nach Beginn des Essens empfinden wir eine Sättigung. Das heißt also, dass schnelles Essen – egal, ob warm oder kalt – nicht gut sättigt, langsames Essen dagegen besser satt macht. Auch der Fettgehalt der Speisen wirkt sättigend, denn er verzögert die Verdauungsvorgänge. Einen guten Sättigungseffekt erreicht man ferner durch einen hohen Gehalt an komplexen Kohlenhydraten und Ballaststoffen. Kohlenhydrate enthalten nämlich nur halb so viele Kalorien wie Fett, und Ballaststoffe liefern gar keine Kalorien.

Fenchel-Paprika-Gratin

Die Paprikaschoten waschen, mit Küchenpapier trockentupfen, halbieren, Stielansätze, Kerne sowie weiße Innenteile entfernen und das Fruchtfleisch der Länge nach in Streifen schneiden. Den Fenchel waschen, trockentupfen und der Länge nach in dünne Scheiben schneiden. Das Fenchelgrün fein hacken. 2 Esslöffel Öl in einer Pfanne erhitzen, darin die Paprikastreifen 5 Minuten anbraten und dann Essig, Zucker, Gewürze sowie etwas Salz untermischen. Die Paprikastreifen abwechselnd mit dem Fenchel in eine Gratinform schichten, darüber die Sauce verteilen und den Backofen auf 200 °C vorheizen. Den Camembert in Streifen schneiden und auf dem Gemüse anordnen. Das Ganze mit dem restlichen Öl besträufeln und auf mittlerer Einschubleiste etwa 20 Minuten backen. Mit dem Fenchelgrün bestreut servieren.

Tipp
Dazu passen Salzkartoffeln.

Für 4 Personen

200 g rote Paprikaschoten
200 g gelbe Paprikaschoten
500 g Fenchelknollen mit Grün
3 EL Olivenöl
2 EL Aceto balsamico (Balsamessig)
1 TL Zucker
gemahlener Koriander und Piment, Salz
250 g fettarmer Camembert

Pro Person etwa:
255 kcal; 19 g Eiweiß, 16 g Fett, 8 g Kohlenhydrate,

Große Gemüseplatte mit gefüllten Kartoffeln

Für 4 Personen

Für die gefüllten Kartoffeln:
4 große längliche Kartoffeln (à ca. 200 g)
100 g Streichrahm mit Kräutern (27 % F. i. Tr.)
75 g Cremequark (Quark mit 0,2 % F. i. Tr.)
2 EL Schnittlauchröllchen
weißer Pfeffer, Salz

Für die Gemüseplatte:
300 g Kohlrabi
300 g Karotten
300 g grüne Bohnen
1 Blumenkohl (ca. 800 g geputzt)
2 EL Butter
50 g Semmelbrösel
½ Bund glatte Petersilie

Pro Person etwa:
385 kcal; 15 g Eiweiß, 12 g Fett, 53 g Kohlenhydrate

Die Kartoffeln waschen, abbürsten und in Salzwasser etwa 30 Minuten garen. Inzwischen das Gemüse waschen und putzen. Den Kohlrabi und die Karotten schälen sowie in bleistiftdicke Stifte von etwa 3 cm Länge schneiden ebenso die Bohnen in ca. 3 cm lange Stücke. Den Blumenkohl vierteln, den Strunk zurückschneiden. Das Gemüse nacheinander in reichlich Salzwasser bissfest garen, herausnehmen, abtropfen lassen und auf 4 Teller verteilen. Bis zum Servieren warm stellen. Die Kartoffeln abgießen, der Länge nach jeweils einen flachen Deckel abschneiden, ihn schälen und mit einer Gabel zerdrücken. Das Innere der Kartoffeln mit einem Teelöffel aushöhlen, mit der Gabel zerdrücken und das Kartoffelmus zusammen mit dem Streichrahm sowie dem Quark zu einer glatten Masse verrühren. Mit Schnittlauch, Pfeffer sowie Salz würzen und in die ausgehöhlten Kartoffeln füllen. Den Rest der Masse in eine Tortenspritze füllen und obendrauf spritzen. Die Butter in einer beschichteten Pfanne erhitzen und die Semmelbrösel darin anrösten. Die Petersilie untermischen und die Masse über das Gemüse verteilen. Zu jeder Portion eine gefüllte Kartoffel servieren.

Tipp

Sie können für die Gemüseplatte auch anderes Gemüse verwenden, so zum Beispiel Brokkoli, Maiskolben, Lauch, Spargel, Schwarzwurzeln, Rosenkohl, Rote Bete. Die Kartoffeln kann man noch mit geriebenem Käse überbacken.

Gemüsepfanne nach chinesischer Art

Für 4 Personen

10 g chinesische Trockenpilze
200 g Karotten
100 g Lauchzwiebeln
200 g Bambussprossen aus dem Glas (Bambusschößlinge)
200 g Maiskörner (TK-Ware oder aus dem Glas)
200 g rote Paprikaschoten
100 g Mungbohnensprossen (frisch oder aus dem Glas)
2 EL Sojaöl (20 g)
200 g Zuckerschoten (TK-Ware)
2 EL trockener Weißwein
2 EL Sojasauce
weißer Pfeffer, Kurkuma, Ingwerpulver, Salz

Die Trockenpilze in etwa 200 Millilitern warmem Wasser einweichen und ca. 30 Minuten quellen lassen. Inzwischen die Karotten waschen, putzen, schälen und in sehr feine Streifen schneiden. Die Lauchzwiebeln waschen, mit Küchenpapier trockentupfen, putzen, die Halme in schmale Ringe und die Zwiebelkörper in kleine Würfel schneiden. Die Bambussprossen auf ein Sieb geben, abtropfen lassen und in feine Streifen schneiden. Mais aus dem Glas ebenfalls abtropfen lassen. Die Paprika waschen, trockentupfen, halbieren, Stielansätze, Kerne sowie weiße Innenteile entfernen und das Fruchtfleisch in feine Streifen schneiden. Die Mungbohnensprossen aus dem Glas abtropfen lassen. Das Öl in einem Wok oder in einer großen beschichteten Pfanne erhitzen. Die Karotten und die Lauchzwiebeln darin unter gelegentlichem Durchrühren anbraten. An den Rand schieben, dann die Bambussprossen, Maiskörner, Paprikastreifen sowie Mungbohnensprossen in die Pfanne geben und kurz andünsten. Die Zuckerschoten hinzugeben und anbraten. Das Gemüse mit Wein ablöschen. Die Pilze abgießen, die Flüssigkeit in die Pfanne geben, die Pilze klein schneiden und hinzufügen. Die Sojasauce darüber verteilen und das Ganze zugedeckt bei milder Hitze 7 Minuten dünsten. Mit Pfeffer, Kurkuma, Ingwer und (falls nötig) mit Salz abschmecken.

Tipp
Dazu passen chinesische Mie-Nudeln oder Reis.

Pro Person etwa:
180 kcal; 8 g Eiweiß, 7 g Fett, 22 g Kohlenhydrate

Für 4 Personen

1 TL Sonnenblumenöl
200 g Langkornreis (Rohgewicht)
Salz
100 g Frühlingszwiebeln
450 g Paprikaschoten (rot, gelb, grün)
1 kleine rote Chilischote
75 g Sojabohnensprossen (aus dem Glas)
2 EL Olivenöl
weißer Pfeffer,
edelsüßes Paprikapulver, Curry, Ingwer, Zucker
200 ml Gemüsebrühe (Würfel oder Instantpulver)

Pro Person etwa:
275 kcal; 7 g Eiweiß, 7 g Fett, 45 g Kohlenhydrate

Scharfe Reispfanne mit Paprika

Das Öl in einem Topf erhitzen und den Reis darin bei schwacher Hitze glasig werden lassen. Etwa 500 Milliliter Wasser auffüllen und Salz zugeben. Den Reis aufkochen lassen, dann zugedeckt auf schwächster Garstufe 18 Minuten ausquellen lassen. Inzwischen die Frühlingszwiebeln waschen, putzen, die Halme in schmale Ringe und die Zwiebelkörper in kleine Würfel schneiden. Die Paprikaschoten und die Chilischote waschen, mit Küchenpapier trockentupfen und der Länge nach halbieren. Von der Paprika die Stielansätze, Kerne und weißen Innenteile entfernen und das Fruchtfleisch in feine Streifen schneiden. Die Sojabohnensprossen abtropfen lassen. Das Öl in einer großen beschichteten Pfanne erhitzen, die Frühlingszwiebeln darin andünsten, dann die Paprika und die Chilischote dazugeben. Das Gemüse mit den Gewürzen sowie mit Zucker und Salz würzen und die Brühe angießen. Alles gut vermengen, den Deckel auf die Pfanne legen. Das Gemüse 10 Minuten garen, dann die Sojasprossen untermischen. Den Reis unter das Gemüse heben, kurz durch mischen und dann servieren.

Tipp
Wer dazu eine Fleischbeilage möchte, kann Cevapcici oder Frikadellen servieren.

Gratinierte Gemüsepfanne

Für 4 Personen

1 kg Auberginen
800 g Zucchini
400 g Tomaten
4 EL Olivenöl (40 g)
6 Knoblauchzehen (20 g)
4 Scheiben Vollkorntoastbrot (80 g)
6 Zweige Thymian
4 EL Zitronensaft
weißer Pfeffer, Salz
4 Scheiben (à 20 g) kalorienreduzierter Gouda oder anderer Schnittkäse (30–40 % F. i. Tr.)

Das Gemüse waschen und mit Küchenpapier trockentupfen. Die Enden der Auberginen und Zucchini knapp abschneiden sowie den Rest in Scheiben schneiden. Von den Tomaten die Stielansätze entfernen und den Rest in Scheiben schneiden. 2 Esslöffel Öl erhitzen, die Knoblauchzehen schälen, fein würfeln und im Öl anbraten. Die Toastscheiben diagonal halbieren und dazugeben, kurz im Knoblauchöl anbraten, wenden und herausnehmen. Den Thymian waschen, trockentupfen, die Blättchen von den Stielen zupfen und einen Teil davon auf den Brotdreiecken verteilen. Das restliche Öl, erhitzen, das Gemüse dazugeben und unter gelegentlichem Wenden garen. Zitronensaft, Pfeffer, Salz und den übrigen Thymian dazugeben. Den Grill vorheizen. Die Brotdreiecke auf das Gemüse legen, darauf die diagonal halbierten Käsescheiben verteilen und das Ganze im Backofen auf mittlerer Einschubleiste überbacken.

Pro Person etwa:
400 kcal; 14 g Eiweiß, 15 g Fett, 25 g Kohlenhydrate

Gemüsereis nach Bauernart

Für 4 Personen

2 Packungen Frühlingsgemüse-Reis (Trockenprodukt, à 155 g)
600 g Pfannengemüse „Bauern Art“ (TK-Ware)
weißer Pfeffer, Salz
2 EL fein gehackte Petersilie

Die Frühlingsgemüse-Reis-Mischung zusammen mit dem Pfannengemüse in einen Topf geben, 900 Milliliter Wasser dazugeben und das Ganze zum Kochen bringen. Die Mischung zugedeckt etwa 5 Minuten garen. Mit Pfeffer sowie Salz abschmecken und mit Petersilie bestreuen.

Pro Person etwa:
435 kcal; 13 g Eiweiß, 9 g Fett, 75 g Kohlenhydrate

Kräuterpfannkuchen mit Quarkfüllung

Für 4 Personen

Für die Pfannkuchen:
150 g Mehl
2 EL kernige Haferflocken
3 frische Eier (Gew. Kl. M)
250 ml Mineralwasser mit Kohlensäure
Salz
50 g geriebener Edamer (30 % F. i. Tr.)
3 EL fein gehackte Petersilie
3 EL Schnittlauchröllchen
1 EL fein gehackter Kerbel
1 kleine Zwiebel (ca. 40 g)
2–3 EL Olivenöl

Für die Quarkfüllung:
250 g probiotischer Magerquark
100 g Frischkäse (50 % F. i. Tr.)
2–3 EL geriebener Meerrettich
1 Bund Schnittlauch (20 g)
weißer Pfeffer aus der Mühle, Cayennepfeffer, Salz
Kräuterzweige zum Garnieren

Pro Person etwa:
405 kcal; 24 g Eiweiß, 18 g Fett, 36 g Kohlenhydrate

Das Mehl und die Haferflocken in einer Schüssel mischen. Die Eier sowie das Mineralwasser hinzufügen und das Ganze zu einem glatten Teig verrühren. Salz, geriebenen Käse und die Kräuter untermischen. Die Zwiebel schälen, fein reiben und untermengen. 1 Esslöffel Öl in einer beschichteten Pfanne erhitzen und darin aus dem Teig portionsweise 4 Pfannkuchen ausbacken. Die Pfanne zwischendurch immer wieder mit etwas Öl ausstreichen. Die Pfannkuchen auf Küchenpapier abtropfen lassen und warm stellen. Für die Füllung den Quark sowie den Rahmfrischkäse glatt rühren und den Meerrettich unterrühren. Den Schnittlauch waschen, trockentupfen, in feine Röllchen schneiden und unter die Quarkmasse mischen. Das Ganze mit Pfeffer, Cayennepfeffer und Salz gut würzen. Die Quarkmasse dünn auf die Pfannkuchen streichen, diese rasch aufrollen, auf einer vorgewärmten Platte anrichten und mit Kräuterzweigen garnieren.

Tipp
Dazu passt gemischter Salat.

Gemüseplatte

Für 4 Personen

250 g frische Champignons
500 g Brokkoli
300 g Karotten
300 g Spargel
4 gekochte Kartoffeln (à 100 g)
Salz, weißer Pfeffer, geriebene Muskatnuss
30 g Halbfettbutter
1 Bund glatte Petersilie (20 g)
20 g Mandelblättchen

Pro Person etwa:
210 kcal; 12 g Eiweiß, 7 g Fett, 25 g Kohlenhydrate

Die Pilze waschen, mit Küchenpapier trockentupfen, falls nötig putzen, und blättrig schneiden. Den Brokkoli waschen, die Strunkenden etwa 2 cm breit abschneiden, von den dicken Stielen und Strünken mit einem spitzen Messer die Haut abziehen und die Röschen in mundgerechte Stücke teilen. Die Karotten waschen, putzen, schälen und in Scheiben schneiden. Den Spargel waschen, putzen, dünn schälen und in mundgerechte Stücke schneiden. Die Kartoffeln pellen und in Scheiben schneiden. Reichlich Salzwasser aufkochen, darin die Gemüse nacheinander bissfest garen, jeweils gut abtropfen lassen und in einen Topf geben. Mit Pfeffer, Muskat und Salz würzen. Die Halbfettbutter dazugeben, erhitzen und das Ganze gut durchschwenken. Die Petersilie waschen, trockentupfen, grob hacken und untermischen. Die Mandelblättchen in einer beschichteten Pfanne ohne Fettzugabe anrösten und unter das Gemüse mischen. Das Gemüse auf 4 Teller verteilen und servieren.

Tipp

Essen Sie als Vorspeise eine kräftige Brühe mit Einlage. Oder genehmigen Sie sich noch ein kleines, fettarmes Dessert (z. B. Früchtequark).

Für 4 Personen

4 große Kartoffeln (à 200 g, festkochende oder vorwiegend festkochende Sorte)
1 Zwiebel (ca. 70 g)
1 Apfel (ca. 150 g)
3 Gewürzgurken (ca. 100 g)
250 g Matjesfilets (Abtropfgewicht)
100 g Magermilchjoghurt
75 g Salatmayonnaise (50 % Pflanzenöl)
weißer Pfeffer, Salz
2 EL fein gehackter Dill
Salatblätter zum Anrichten

Pro Person etwa:
445 kcal; 24 g Eiweiß, 9 g Fett, 38 g Kohlenhydrate

Pellkartoffeln „Helgoland"

Die Kartoffeln waschen, abbürsten und knapp mit Wasser bedeckt im geschlossenen Topf garen. Inzwischen die Zwiebel schälen und fein würfeln. Den Apfel waschen, vierteln, das Kerngehäuse herausschneiden und das Fruchtfleisch in kleine Würfel schneiden. Die Gewürzgurken abtropfen lassen und ebenfalls fein würfeln. Die Matjesfilets abtropfen lassen und in feine Streifen schneiden. Den Joghurt zusammen mit der Mayonnaise in einer Schüssel verrühren. Pfeffer, Salz sowie Dill untermischen. Die Apfel- und Gurkenwürfel sowie die Fischstreifen untermischen. Die Kartoffeln abgießen, der Länge nach jeweils einen flachen Deckel abschneiden (anderweitig verwenden!), die Knollen leicht aushöhlen, die ausgehöhlte Kartoffelmasse mit einer Gabel zerdrücken, unter den Matjessalat mischen damit die ausgehöhlten Kartoffeln füllen. Die Salatblätter waschen, trockentupfen, auf einer Platte anrichten, dazwischen die gefüllten Kartoffeln setzen und den restlichen Matjessalat auf den Salatblättern anrichten.

Tipp

Statt des Joghurts und der Mayonnaise können Sie auch 175 g saure Sahne (10% Fett) verwenden. Sie sparen pro Person etwa 50 kcal und 7 g Fett. Zu den Pellkartoffeln passt ein Rote-Bete-Salat.

Rahm-Spinat-Pfanne

Den Spinat unaufgetaut in einen Topf geben, etwa 100 Milliliter Wasser dazugeben und im geschlossenen Topf bei schwacher Hitze dünsten. Mit Pfeffer, Muskat und Salz würzen. Den Knoblauch schälen und durch eine Presse dazudrücken. Den Spinat ganz auftauen und heiß werden lassen. Die saure Sahne einrühren. Den Schinken fein würfeln. Die Hälfte des Fettes in einer beschichteten Pfanne erhitzen und darin die Schinkenwürfel anbraten. Die Kartoffeln pellen und in Scheiben schneiden. Die Zwiebeln schälen und fein würfeln. Die Kartoffeln sowie die Zwiebeln zum Schinken in die Pfanne geben und anbraten. Den Spinat dazugeben und alles gut vermengen. In einer zweiten beschichteten Pfanne das restliche Fett erhitzen. Die Eier in ein Rührgefäß schlagen, mit einem Schneebesen gut verquirlen, mit Pfeffer sowie Salz würzen und in die Pfanne geben. Das Ganze zu Rührei verarbeiten und dann locker unter die Spinatkartoffeln heben.

Für 4 Personen

2 Packungen junger Spinat (à 300 g)
weißer Pfeffer, geriebene Muskatnuss, Salz
1 kleine Knoblauchzehe
50 g saure Sahne (10 % Fett)
100 g gekochter Schinken ohne Fettrand am Stück
40 g Butter oder Margarine
600 g gekochte Pellkartoffeln (vom Vortag)
2 Zwiebeln (ca. 125 g)
6 frische Eier (Gew. Kl. M)

Pro Person etwa:
385 kcal; 25 g Eiweiß, 20 g Fett, 25 g Kohlenhydrate

Salbeinudeln mit Austernpilzen

Für 4 Personen

200 g Bandnudeln
Salz
8 junge Salbeiblättchen
400 g Austernpilze
3 EL Sonnenblumenöl
weißer Pfeffer, Kräutersalz
1 gelbe Paprikaschote (150 g)
4 Scheiben mageres Rauchfleisch

Pro Person etwa:
365 kcal; 18 g Eiweiß, 14 g Fett, 40 g Kohlenhydrate

Die Nudeln in etwa 2 Liter kochendes Salzwasser geben und nach Packungsvorschrift bissfest garen. Die Salbeiblätter waschen und mit Küchenpapier trockentupfen. Die Nudeln auf ein Sieb schütten, gut abtropfen lassen, dann warm halten. Die Austernpilze putzen und dabei die harten Stiele herausschneiden. Die Pilze in mundgerechte Stücke schneiden. Das Öl in einer beschichteten Pfanne erhitzen, die Pilze darin von allen Seiten 5 Minuten braten, dann das Ganze mit Pfeffer und Kräutersalz würzen. Die Salbeiblätter dazugeben und kurz mitbraten. Die Paprikaschote waschen, trockentupfen, halbieren, Stielansatz, Kerne sowie weiße Innenteile entfernen und das Fruchtfleisch fein würfeln. Das Rauchfleisch in schmale Streifen schneiden. Beides zu den Pilzen geben, kurz andünsten, dann das Ganze mit den Bandnudeln anrichten.

Posthörnle-Pfannkuchen

Für 4 Personen

250 g Hörnchen-Nudeln (Eiernudeln in Posthörnchen-Form)
Salz
1 EL Öl
6 frische Eier (Gew. Kl. M)
weißer Pfeffer
20 g Butter
200 g Kirschtomaten
1 Kästchen Kresse

Die Nudeln in etwa 2 1/2 Litern Salzwasser und dem Öl bissfest garen. Auf ein Sieb schütten und gut abtropfen lassen. Die Eier in ein Rührgefäß schlagen und 6 Esslöffel Wasser sowie etwas Pfeffer und Salz hinzugeben. Alles mit einem Schneebesen gut verquirlen. Die Butter in einer großen beschichteten Pfanne erhitzen, die Eimasse hineingeben und stocken lassen. Darauf die Nudeln geben und das Ganze zugedeckt bei milder Hitze stocken lassen. Inzwischen die Tomaten waschen, trockentupfen und vierteln. Die Kresse mit einer Küchenschere abschneiden und grob hacken. Den Nudel-Pfannkuchen auf einen vorgewärmten Teller gleiten lassen und mit Tomatenvierteln sowie Kresse garnieren. Bei Tisch den Pfannkuchen in 4 Portionen teilen.

Tipp
Dazu passt gemischter Blattsalat mit Öl-Essig-Dressing.

Pro Person etwa:
425 kcal; 16 g Eiweiß, 18 g Fett, 45 g Kohlenhydrate

Gemüse-Röllchen in Tomatensauce

Für 4 Personen

Für die Röllchen:
1 Bund glatte Petersilie
1 Bund Basilikum
1 Knoblauchzehe
2 EL Olivenöl
3 EL Semmelbrösel (30 g)
40 g geriebener Parmesan
weißer Pfeffer, Salz
1 Aubergine (ca. 250 g)
250 g Zucchini
200 g Mozzarella (Abtropfgewicht)

Für die Sauce:
1 Zwiebel (70 g)
1 Knoblauchzehe
1 EL Sonnenblumenöl
1 Dose (850 ml) geschälte Tomaten (840 g Inhalt)
4 EL trockener Rotwein
weißer Pfeffer, Chilipulver oder Cayennepfeffer, etwas Salz

Pro Person etwa:
330 kcal; 18 g Eiweiß, 21 g Fett, 15 g Kohlenhydrate

Die Kräuter waschen, trockenschütteln, die Blättchen von den Stielen zupfen und fein hacken. Die Knoblauchzehe schälen und fein hacken. 1 Teelöffel Olivenöl in einer beschichteten Pfanne erhitzen und darin die Semmelbrösel hell anrösten. Kräuter, Knoblauch und Parmesan dazugeben. Einen weiteren Teelöffel Öl untermischen und die Masse mit Pfeffer sowie Salz würzen. Die Aubergine und die Zucchini waschen, trockentupfen, die Enden knapp abschneiden und das Gemüse der Länge nach in möglichst dünne Scheiben schneiden. Den Mozzarella abtropfen lassen und in sehr dünne Scheiben schneiden. Die Gemüsestreifen auf einer Arbeitsfläche ausbreiten und mit der Kräuterpaste dünn bestreichen. Den Mozzarella gleichmäßig darauf verteilen, die Gemüsestreifen aufrollen und jeweils mit Holzspießchen feststecken. Das restliche Olivenöl in einem Schmortopf erhitzen, darin die Gemüseröllchen rundum bei milder Hitze etwa 10 Minuten anbraten und danach warm stellen. Für die Sauce die Zwiebel sowie die Knoblauchzehe schälen und fein würfeln. Das Sonnenblumenöl in einem Topf erhitzen, darin die Zwiebel- und Knoblauchwürfel anbraten. Die Tomaten aus der Dose samt Flüssigkeit dazugeben, den Wein unterrühren und das Ganze aufkochen lassen. Die Tomaten mit einem Passierstab grob zerkleinern. Die Sauce mit den Gewürzen abschmecken. Die Gemüseröllchen auf die Tomatensauce setzen und das Ganze zugedeckt etwa 10 Minuten ziehen lassen. Sofort servieren.

Gemüsepfanne mit Putenfleisch

Das Fleisch kalt abspülen, mit Küchenpapier sorgfältig trockentupfen, dann fein schnetzeln. Den Knoblauch schälen und durch eine Presse in eine Schüssel drücken. Die Petersilie waschen, trockentupfen, fein hacken und zum Knoblauch geben. Brottrunk und Öl dazugeben, alles zu einer Marinade verrühren und die Fleischstreifen darin 1 Stunde einlegen. Den Hafer zusammen mit 500 Milliliter Salzwasser aufsetzen, aufkochen lassen und zugedeckt bei milder Hitze 30 Minuten ausquellen lassen. Die Zwiebel schälen und fein hacken. Das Gemüse waschen und putzen. Die Karotten schälen und in Scheiben schneiden. Den Lauch in dünne Ringe schneiden. Von der Paprikahälfte Stielansatz, Kerne und weiße Innenteile entfernen, dann das Fruchtfleisch in feine Streifen schneiden. Das Fleisch auf ein Sieb geben und abtropfen lassen. Die Butter in einer beschichteten Pfanne erhitzen, das Fleisch darin rundherum kräftig anbraten. Das Gemüse dazugeben und bei mäßiger Hitze zugedeckt 10 Minuten mitdünsten. Den Hafer abgießen, unter die Fleischmischung mengen, das Ganze zugedeckt heiß werden lassen und mit Cayennepfeffer, Curry sowie Salz abschmecken.

Für 4 Personen

500 g Putenbrustfilets
2 Knoblauchzehen
1 Bund Petersilie
200 ml Brottrunk
3 EL Sonnenblumenöl
250 g Haferkörner (aus dem Bioladen oder Reformhaus)
Salz
1 Zwiebel (70 g)
150 g Karotten
1 kleine Stange Lauch
1/2 rote Paprikaschote
1/2 grüne Paprikaschote
1/2 gelbe Paprikaschote
20 g Butter
Cayennepfeffer, Currypulver

Pro Person etwa:
500 kcal; 40 g Eiweiß, 18 g Fett, 43 g Kohlenhydrate

Für 4 Personen

400 g Tagliatelle (Rohgewicht)
Salz
500 g frische Champignons
1 Zwiebel (70 g)
2 Knoblauchzehen
2 EL Olivenöl
½ Bund Basilikum
1 EL Mehl
75 ml trockener Weißwein
250 ml Gemüsebrühe
(Würfel oder Instantpulver)
weißer Pfeffer
geriebene Muskatnuss

Pro Person etwa:
465 kcal; 17 g Eiweiß, 7 g Fett, 82 g Kohlenhydrate

Tagliatelle mit Pilzragout

Die Nudeln in etwa 4 Liter kochendes Salzwasser geben und nach Packungsanweisung bissfest garen. Inzwischen die Pilze waschen, trockentupfen, falls nötig putzen, dann blättrig schneiden. Die Zwiebel sowie die Knoblauchzehen schälen und fein würfeln. Das Öl in einer beschichteten Pfanne erhitzen, die Zwiebel- und Knoblauchwürfel darin glasig werden lassen, dann die Pilze dazugeben und mitdünsten. Das Basilikum waschen, mit Küchenpapier trockentupfen, die Blättchen von den Stielen zupfen und fein hacken, dann unter die Pilze mischen. Das Mehl darüber stäuben, das Ganze unter Wenden hell anschwitzen, dann vom Herd nehmen. Den Wein unterrühren, dann die Pilzpfanne wieder auf den Herd setzen, unter Rühren die Brühe angießen und das Ganze 5 Minuten bei milder Hitze zugedeckt durchköcheln lassen. Mit Pfeffer, Muskat und Salz abschmecken. Zum Schluß die Nudeln auf ein Sieb schütten, gut abtropfen lassen, und mit dem Pilzragout vermischt servieren.

Tipp
Statt Tagliatelle können Sie auch andere italienische Nudeln verwenden

Farfalle mit Kohlrabi

Für 4 Personen

300 g (Rohgewicht) bunte Schleifennudeln (Farfalle)
Salz
400 g Karotten
250 ml Gemüsebrühe (Würfel oder Instantpulver)
2 Packungen (à 300 g) Rahm-Kohlrabigemüse (TK-Ware)
100 g saure Sahne (10 % Fett)
1 Bund Schnittlauch (20 g)
weißer Pfeffer

Die Nudeln in etwa 3 Liter kochendes Salzwasser geben und nach Packungsvorschrift bissfest garen. Inzwischen die Karotten waschen, putzen, schälen und in Scheiben schneiden. Die Brühe aufkochen und darin die Karottenscheiben etwa 8 Minuten garen. Das Kohlrabigemüse in einen zweiten Topf geben, zugedeckt bei schwacher Hitze auftauen lassen und dann dünsten. Die saure Sahne untermischen. Den Schnittlauch waschen, trockentupfen und in feine Röllchen schneiden. Gut die Hälfte unter das Gemüse mischen und es mit Pfeffer sowie Salz abschmecken. Die Nudeln auf ein Sieb schütten, gut abtropfen lassen und auf 4 tiefen Tellern anrichten. Das Kohlrabigemüse darauf verteilen und das Ganze mit Karottenscheiben sowie dem restlichen Schnittlauch garnieren.

Pro Person etwa:
475 kcal; 15 g Eiweiß, 14 g Fett, 72 g Kohlenhydrate

Spaghetti „Avanti"

Für 4 Personen

300 g Spaghetti (Rohgewicht)
Salz
600 g Zuckererbsenschoten (TK-Ware)
250 ml heiße Gemüsebrühe (Würfel oder Instantpulver)
100 g Gorgonzola (ital. Schimmelkäse)
50 g saure Sahne (10 % Fett)
weißer Pfeffer
1 EL Pinienkerne (10 g)

Pro Person etwa:
455 kcal; 20 g Eiweiß, 12 g Fett, 67 g Kohlenhydrate

Die Spaghetti in etwa 3 Liter kochendes Salzwasser geben und nach Packungsanweisung bissfest garen. Inzwischen die Zuckererbsenschoten in wenig Salzwasser kurz blanchieren und abgießen. Die Brühe zusammen mit dem Gorgonzola in einen Topf geben, verrühren, aufkochen lassen und die saure Sahne einrühren. Den Topf vom Herd nehmen. Die Brühe mit Pfeffer würzen und die Zuckererbsenschoten dazugeben. Die Spaghetti auf ein Sieb schütten und gut abtropfen lassen. Die Pinienkerne fein hacken und in einer beschichteten Pfanne ohne Fettzugabe rösten. Die Spaghetti auf 4 Teller verteilen, die Zuckererbsen schoten sowie die Gorgonzolasauce darüber verteilen und die Pinienkerne darüber streuen.

Tipp
Das Ganze eignet sich auch zum Gratinieren im Backofen.

Spaghetti mit Petersilienpesto

Für 4 Personen

250 g Spaghetti (Rohgewicht)
Salz
3 Bund glatte Petersilie
20 g Pinienkerne
2 EL Olivenöl
50 g geriebener Parmesan
schwarzer Pfeffer aus der Mühle

Pro Person etwa:
350 kcal; 13 g Eiweiß, 12 g Fett, 48 g Kohlenhydrate

Die Spaghetti in etwa 2 1/2 Liter kochendes Salzwasser geben und bissfest garen. Die Petersilie waschen, trockentupfen, die zarten Zweige abzupfen, in einem Mörser fein zerkleinern und in eine Schüssel geben. Die Pinienkerne fein hacken und dazugeben; das Öl sowie den Käse hinzufügen und alles zu einer Paste verrühren. Mit Pfeffer und Salz würzen. Die Nudeln auf ein Sieb schütten, gut abtropfen lassen, in eine Schüssel geben und die Kräuterpaste untermischen.

Tipp
Dazu passt ein gemischter Salat.

Schinken-Tagliatelle mit Gemüse

Für 4 Personen

300 g Tagliatelle (Rohgewicht)
Salz
100 g gekochter Schinken ohne Fettrand in Scheiben
1 Zwiebel (70 g)
1 Knoblauchzehe
200 g Zucchini
200 g Karotten
200 g frische Champignons
200 g rote Paprikaschoten
2 EL Sonnenblumenöl
weißer Pfeffer
1 EL getrockneter Majoran
1 TL getrockneter Thymian

Die Nudeln in etwa 3 Liter kochendes Salzwasser geben und bissfest garen. Inzwischen den Schinken in dünne Streifen schneiden. Die Zwiebel sowie den Knoblauch schälen und fein würfeln. Das restliche Gemüse waschen. Von den Zucchini die Enden knapp abschneiden, den Rest der Länge nach vierteln und in dünne Scheiben schneiden. Die Karotten putzen und in dünne Stifte oder kleine Würfel schneiden. Die Pilze mit Küchenpapier abtupfen, falls nötig putzen, und grob hacken. Die Paprikaschoten trockentupfen, vierteln, Stielansätze, Kerne sowie weiße Innenteile entfernen und das Fruchtfleisch fein würfeln. Das Öl in einer beschichteten Pfanne erhitzen, zuerst Zwiebeln, Knoblauch und Schinken darin anbraten, dann das Gemüse sowie die Pilze dazugeben und mitdünsten. Das Ganze mit Pfeffer, Majoran, Thymian sowie Salz würzen und zugedeckt etwa 10 Minuten schmoren. Die Nudeln abgießen, gut abtropfen lassen, unter die Gemüse-Schinken-Mischung mengen und das Ganze nochmals abschmecken. Sofort servieren.

Tipp
Dazu passt eine leichte Käsecremesauce.

Pro Person etwa:
400 kcal; 20 g Eiweiß, 7 g Fett, 63 g Kohlenhydrate

Kartoffel-Gemüse-Gratin

Für 4 Personen

750 g Kartoffeln (festkochende Sorte)
250 g Lauch
300 g Zucchini
1 Knoblauchzehe
2 EL Sonnenblumenöl
weißer Pfeffer, Salz
1 EL getrockneter Thymian
100 ml heiße Gemüsebrühe (Würfel oder Instantpulver)
75 g geraspelter Gouda (45 % F. i. Tr.)

Pro Person etwa:
270 kcal; 11 g Eiweiß, 32 g Fett, 32 g Kohlenhydrate

Kartoffeln, Lauch und Zucchini waschen. Die Kartoffeln schälen und in dünne Scheiben hobeln. Den Lauch sorgfältig putzen, in Scheiben schneiden, diese nochmals gut abbrausen, um letzte Reste von Sand oder Erde abzuspülen, und abtropfen lassen. Von den Zucchini die Enden knapp abschneiden und den Rest in Scheiben schneiden. Den Knoblauch schälen und fein würfeln. Das Öl in einem Topf erhitzen, darin die Kartoffeln sowie das andere Gemüse dünsten, mit Pfeffer sowie Salz würzen und den getrockneten Thymian untermischen. Den Backofen auf 200 °C vorheizen. Die Kartoffel-Gemüse-Mischung in eine hitzefeste Form füllen, darüber die Brühe verteilen und das Ganze mit dem Käse bestreuen. Auf mittlerer Einschubleiste im Backofen etwa 40 Minuten garen.

Tipp

Dazu passen gegrillte Steaks oder gegrillte Hähnchenkeulen. Auch Frikadellen sind eine gute Ergänzung zu dem leckeren Gratin. Man kann Frikadellen auch ohne Fettzugabe braten, wenn man sie grillt oder auf ein mit Backpapier belegtes Blech gibt und im Backofen brät.

Lauchgratin mit Schinken

Für 4 Personen

800 g Lauch
Salz
200 g gekochter Schinken in Scheibe, ohne Fettrand
1 EL Butter (10 g)
25 g Mehl
gekörnte Brühe (Instantpulver)
weißer Pfeffer, geriebene Muskatnuss
70 g geraspelter Gouda (45 % F. i. Tr.)

Den Lauch waschen, trockentupfen, putzen und die Stangen in ca. 10 cm lange Stücke schneiden. Reichlich Salzwasser aufkochen und den Lauch darin zugedeckt 7 Minuten garen. Die Schinkenscheiben der Länge nach durchschneiden. Die Butter in einem Topf zerlassen, das Mehl einrühren und das Ganze hell anschwitzen. Den Topf vom Herd nehmen. Den Lauch mit einer Schaumkelle aus dem Wasser nehmen und abtropfen lassen. Etwa 150 Milliliter Gemüsesud abnehmen und zur Mehlschwitze geben. Den Topf wieder auf die heiße Herdplatte setzen. Das Ganze mit einem Schneebesen zu einer glatten Sauce verrühren, sie 5 Minuten unter Rühren köcheln lassen, dann die Instantbrühe unterrühren und die Sauce mit Pfeffer sowie Muskat würzen. Den Backofen auf 200 °C vorheizen. Die Lauchstücke mit den Schinkenstreifen umwickeln und in eine hitzfeste Form legen. Die Sauce darüber geben und den Käse darauf verteilen. Das Ganze im Backofen auf mittlerer Einschubleiste 30 Minuten backen.

Tipp
Dazu passt Kartoffelpüree (aus Fertigprodukt oder selbst gemacht).

Pro Person etwa:
225 kcal; 24 g Eiweiß, 9 g Fett, 11 g Kohlenhydrate

Spargeltopf mit Hackbällchen

Für 4 Personen

1 kg Bruchspargel
Salz
20 g Butter
30 g Mehl
Instantbrühe
geriebene Muskatnuss
400 g Rinderhackfleisch
1 kleines frisches Ei (Gew. Kl. S)
1 Scheibe trockenes Toastbrot oder 1/2 altbackenes Brötchen (20 g)
1 Bund glatte Petersilie
1/2 TL getrockneter Majoran
weißer Pfeffer
4 EL Semmelbrösel

Pro Person etwa:
370 kcal; 30 g Eiweiß, 20 g Fett, 17 g Kohlenhydrate

Den Spargel waschen, putzen, dünn schälen und in ca. 3 cm lange Stücke schneiden. Reichlich Wasser zusammen mit etwas Salz und 1 Teelöffel Butter in einem Topf aufkochen, die Spargelschalen hineingeben, darauf einen Siebeinsatz hängen und die Spargelstücke einfüllen. Sie darin 17 Minuten zugedeckt garen. Den Siebeinsatz mit dem Spargel herausnehmen und das Gemüse abtropfen lassen. Die Spargelschalen noch weitere 10 Minuten auskochen, um eine gute Brühe zu erhalten. Den Sud dann abkühlen lassen. Die restliche Butter in einem Topf erhitzen, das Mehl darüber stäuben, unter Rühren hell anschwitzen, dann 400 Milliliter Spargelsud nach und nach unter ständigem Umrühren in die Mehlschwitze geben. Das Ganze aufkochen lassen und bei milder Hitze zugedeckt etwa 10 Minuten durchköcheln lassen. Die Instantbrühe einrühren und die Sauce mit Muskat abschmecken.
Das Hackfleisch zusammen mit dem Ei in eine Schüssel geben. Das Brot in warmem Wasser einweichen, gut ausdrücken und hinzufügen. Die Petersilie waschen, trockentupfen, fein hacken, die Hälfte davon in die Spargelsauce einrühren. Die restliche Petersilie zum Hackfleisch geben, Majoran, Pfeffer, Salz sowie Semmelbrösel hinzugeben und die Zutaten zu einem glatten Teig verkneten. Daraus kleine Bällchen formen. Die Spargelsauce zum Kochen bringen, die Hackbällchen darin etwa 5 Minuten leicht köcheln lassen, dann die Spargelstücke dazugeben und in der Sauce heiß werden lassen.

Maispuffer „Mexicana“

Zwei Esslöffel Öl zusammen mit der Fertigmarinade und etwas schwarzem Pfeffer in einer Schüssel verrühren. Das Fleisch mit kaltem Wasser abbrausen, sorgfältig trockentupfen, falls nötig häuten, in dünne Scheiben schneiden und in der Marinade einlegen. Bis zur Verwendung kühl stellen und durchziehen lassen. Den Mais abtropfen lassen und ein Drittel der Menge in einer Schüssel fein pürieren. 2 Esslöffel Maiskörner zusammen mit dem Ketchup, der sauren Sahne und dem Apfelmus verrühren. Den Dip mit Pfeffer, Cayennepfeffer und Salz pikant abschmecken. Den Schnittlauch waschen, trockentupfen und in Röllchen schneiden. Die Eier in ein Rührgefäß schlagen, mit einem Schneebesen gut verquirlen und das Maispüree, die restlichen Maiskörner sowie den Schnittlauch untermischen. Den Maisgrieß unterrühren.

Das Fleisch aus der Marinade nehmen und abtropfen lassen. Zwei beschichtete Pfannen erhitzen und darin das restliche Öl verteilen. In einer Pfanne die Filetscheiben kurz braten, in der anderen aus dem Maisteig kleine Puffer knusprig ausbacken. Die Maispuffer zusammen mit den Fleischscheiben und dem Dip anrichten.

Tipp

Dazu passt ein herzhafter, bunt gemischter Salat aus Eisbergsalat, Paprikaschoten und Zwiebeln.

Für 4 Personen

6 EL Sonnenblumenöl
6 EL Fertigmarinade für Fleisch (z. B. Teriyki-Marinade)
grob geschroteter schwarzer Pfeffer
400 g Schweinefilet
1 Dose Maiskörner (300 g Abtropfgewicht)
3 EL Tomatenketchup
2 EL (50 g) saure Sahne (10 % Fett)
2 EL Apfelmus (40 g)
weißer Pfeffer, Cayennepfeffer, Salz
1 Bund Schnittlauch (20 g)
2 frische Eier (Gew. Kl. M)
3 EL (ca. 50 g) Maisgrieß (Polentagrieß)

Pro Person etwa:
425 kcal; 29 g Eiweiß, 18 g Fett, 37 g Kohlenhydrate

Für 4 Personen

1 rote Paprikaschote (ca. 150 g)
1 grüne Paprikaschote (ca. 150 g)
1 Zwiebel (ca. 70 g)
400 g Roastbeef in möglichst dünnen Scheiben
2 EL Sonnenblumenöl
weißer Pfeffer, Kümmelpulver, edelsüßer Paprikapulver, Salz
1 TL getrockneter Majoran
1/2 TL getrocknetes Basilikum
50 ml trockener Rotwein
200 ml heißes Wasser
1 Päckchen Bratensaucenpulver (für 250 ml Sauce)

Pro Person etwa:
230 kcal; 25 g Eiweiß, 11 g Fett, 6 g Kohlenhydrate

Rindergeschnetzeltes

Die Paprikaschoten waschen, mit Küchenpapier trockentupfen, halbieren, Stielansätze, Kerne sowie weiße Innenteile entfernen und das Fruchtfleisch in feine Streifen schneiden. die Zwiebel schälen, halbieren und in sehr dünne Scheiben schneiden. Das Fleisch fein schnetzeln. Das Öl in einer beschichteten Pfanne erhitzen und das Fleisch darin scharf anbraten. Mit Pfeffer, Kümmel, Paprika, Salz, Majoran und Basilikum würzen. Die Zwiebeln dazugeben und unter gelegentlichem Wenden anbräunen. Die Paprikastreifen hinzugeben, kurz mitbraten, dann das Ganze mit Rotwein ablöschen und zugedeckt bei milder Hitze 5 Minuten schmoren. Das Wasser angießen, den Bratensatz unter Umrühren loskochen, dann das Saucenpulver einrühren und das Ganze unter Rühren kurz durchköcheln lassen. Abschmecken und servieren.

Tipp
Dazu passen Spätzle oder Bandnudeln und Blattsalat.

Rinderbraten „Düsseldorfer Art"

Für 6 Personen

1 kg magerer Rinderbraten
250 ml trockener Rotwein
2 EL extrascharfer Senf (z. B. Löwensenf)
2 Pimentkörner
2 Lorbeerblätter
2 Gewürznelken
2 EL Sonnenblumenöl
100 g Sellerieknolle
100 g Karotten
1 Zwiebel (ca. 70 g)
250 ml Fleischbrühe (Würfel oder Instantpulver)
süßer Senf
1 EL saure Sahne (10 % Fett)

Pro Person etwa:
340 kcal; 37 g Eiweiß, 17 g Fett, 6 g Kohlenhydrate

Das Fleisch unter kaltem Wasser abspülen und mit Küchenpapier sorgfältig trockentupfen. Den Rotwein sowie den Senf verrühren und die Gewürze dazugeben. Das Fleisch in der Marinade einlegen und unter gelegentlichem Wenden im Kühlschrank etwa 2 Stunden (oder über Nacht) durchziehen lassen. Das Fleisch herausnehmen und trockentupfen.

Das Öl in einem Bräter erhitzen und darin das Fleisch von allen Seiten scharf anbraten. Sellerie und Karotten waschen, putzen, schälen und klein schneiden. Die Zwiebel schälen und fein würfeln. Die Zwiebelwürfel zum Fleisch geben und Farbe nehmen lassen. Das restliche Gemüse dazugeben, etwas dünsten lassen, die Rotweinmarinade dazugießen, den Bratensatz unter Rühren loskochen und dann das Ganze bei milder Hitze im geschlossenen Bräter etwa 30 Minuten garen. Den Backofen auf 200 °C vorheizen. Die Brühe zum Fleisch geben und den geschlossenen Bräter auf die zweitunterste Einschubleiste des Backofens schieben. Das Fleisch 1 Stunde schmoren lassen, zwischendurch wenden. Das Fleisch aus dem Fond nehmen und warm stellen. Die Flüssigkeit samt dem Gemüse pürieren und durch ein Haarsieb zurück in den Bräter gießen. Die Sauce nochmals aufkochen, mit süßem Senf abschmecken und mit saurer Sahne abrunden. Das Fleisch in Scheiben schneiden und auf einer Platte anrichten. Die Sauce getrennt in einer Sauciere servieren.

Tipp
Dazu schmecken Kartoffelpüree und ein Zuckerschoten-Karotten-Gemüse.

Kalbsröllchen mit Mangold und Currysauce

Für 4 Personen

4 dünne Kalbsrouladen (á ca. 125 g, aus der Keule)
weißer Pfeffer, Salz
4 EL Streichrahm mit Kräutern (80 g, 27 % F. i. Tr .)
4 Blätter Mangold
2–3 EL Sonnenblumenöl
4 EL Orangensaft
Currypulver
250 ml Wasser
1 Päckchen Saucenpulver (für 250 ml helle Sauce)

Pro Person etwa:
280 kcal; 29 g Eiweiß, 15 g Fett, 7 g Kohlenhydrate

Die Kalbsrouladen auf einer Arbeitsplatte ausbreiten und mit Pfeffer sowie Salz würzen. Den Streichrahm darauf streichen. Die Mangoldblätter waschen, trockentupfen die Mittelrippen herausschneiden und anderweitig verwenden (z. B. für Salat, siehe Tipp), die Blätter auf die Größe der Rouladen zurechtschneiden, auf die Rouladen legen, das Fleisch aufrollen und mit Rouladennadeln feststecken. Das Öl in einer beschichteten Pfanne erhitzen und die Rouladen darin rundherum scharf anbraten. Dann den Orangensaft dazugeben und das Ganze zugedeckt noch 5 Minuten weiter schmoren. Etwas Curry darüber stäuben, die Rouladen mehrmals in der Flüssigkeit wenden, dann herausnehmen. Das Wasser angießen und den Bratensatz unter Rühren loskochen. Das Saucenpulver einrühren, die Sauce aufkochen lassen, die Rouladen hineingeben und das Ganze zugedeckt bei milder Hitze 5 Minuten durchköcheln lassen.

Tipp

Dazu passen Reis und Blattsalat. Für den Salat können Sie die Mangoldrippen mitverwenden. Sie werden wie Rohkost in ganz feine Streifen geschnitten und dann unter Blattsalat (z. B. Frisée, Lollo bionda, Römersalat) gemischt.

Saltimbocca romana

Für 4 Personen

8 kleine dünne Kalbsschnitzel (ca. 500 g)
8 hauchdünne Scheiben roher Schinken ohne Fettrand (60 g)
8 schöne frische Salbeiblättchen
2 EL Butterschmalz (ca. 40 g)
weißer Pfeffer, Salz
125 ml trockener Weißwein
1 EL saure Sahne (10 % Fett)

Die Kalbsschnitzel mit der flachen Seite des Fleischklopfers flach drücken und jedes mit einer Scheibe Schinken belegen. Die Salbeiblätter waschen, mit Küchenpapier abtupfen und jeweils ein Blatt auf eine Fleischscheibe legen und jedes mit Holzspießchen am Fleisch feststecken. Das Butterschmalz in eine beschichteten Pfanne zerlassen, die Schnitzel darin von beiden Seiten jeweils 3 Minuten bräunen, herausnehmen, auf Küchenpapier abtropfen lassen, mit Pfeffer sowie Salz würzen und kurz beiseite stellen. Den Wein in die Pfanne geben und den Bratensatz unter Rühren loskochen. Die Bratenflüssigkeit etwas einkochen lassen und dann die Sahne unterrühren. Die Schnitzel wieder in die Sauce legen, darin heiß werden lassen, auf 4 vorgewärmten Tellern anrichten und mit etwas Sauce beträufeln.

Tipp

Saltimbocca heißt „Spring in den Mund", was man durchaus wörtlich nehmen kann. Es es handelt sich bei diesem einfachen und schnellen Gericht um eine ausgesprochen beliebte italienische Spezialität. Dazu passen Weißbrot und gedünstete Tomaten.

Pro Person etwa:
240 kcal; 31 g Eiweiß, 11 g Fett, 1 g Kohlenhydrate

Hähnchenkeulen mit Gemüse nach mediterraner Art

Für 4 Personen

8 Hähnchenkeulen
(à 75 g Fleischgewicht)
weißer Pfeffer,
edelsüßer Paprikapulver, Salz
2 Knoblauchzehen
1 EL Olivenöl
1 rote Zwiebel
250 g rote Paprikaschoten
200 g Fleischtomaten
250 g Zucchini
2 Zweige frischer Thymian

Pro Person etwa:
325 kcal; 30 g Eiweiß, 20 g Fett, 6 g Kohlenhydrate

Die Hähnchenkeulen kalt abbrausen, mit Küchenpapier sorgfältig trockentupfen und rundherum mit Pfeffer, Paprika sowie Salz würzen. Den Backofen auf 200 °C vorheizen. Die Knoblauchzehen schälen und durch eine Presse in eine kleine Schale drücken. Das Öl dazugeben, das Ganze verrühren und die Hähnchenkeulen damit bestreichen. Sie auf den Bratrost legen, in die mittlere Einschubleiste des Backofens schieben, darunter eine Fettpfanne schieben und die Hähnchenkeulen etwa 45 Minuten braten. Zwischendurch wenden.

Vom ausgetretenen Fett 1 Esslöffel abnehmen und in einen Topf geben. Die Zwiebel schälen und in Achtel schneiden. Im heißen Fett anbraten. Das Gemüse waschen. Die Paprika halbieren, Stielansätze, Kerne sowie weiße Innenteile entfernen und das Gemüse in feine Streifen schneiden. Die Tomaten trockentupfen, die Stielansätze herausschneiden und die Tomaten würfeln. Die Zucchini trockentupfen, putzen und würfeln. Den Thymian waschen, mit Küchenpapier trockentupfen, dann die Blättchen von den Stielen zupfen. Das Gemüse in den Topf geben und unter gelegentlichem Umrühren anbraten. Den Thymian hinzugeben und das Ganze mit Pfeffer sowie Salz würzen. Im geschlossenen Topf bei milder Hitze im eigenen Saft 7 Minuten dünsten. Die Hähnchenkeulen zusammen mit dem Gemüse servieren.

Hähnchen-Schmortopf

Die Hähnchenkeulen kalt abbrausen, mit Küchenpapier sorgfältig trockentupfen, dann von allen Seiten mit Pfeffer, Paprika und Salz würzen. Die Knoblauchzehen schälen und durch eine Presse in ein Schälchen drücken. Die Kräuter, die Sojasauce sowie das Tomatenmark dazugeben und alles gut miteinander verrühren.
Das Öl in einem Bräter erhitzen und die Hähnchenkeulen darin rundherum scharf anbraten, bis sie Farbe genommen haben. Ihre Oberseiten mit der Tomaten-Knoblauch-Mischung bestreichen. Die Lorbeerblätter und die Wacholderbeeren dazwischen verteilen, den Wein angießen und das Ganze zum Kochen bringen. Die Brühe angießen und die Hähnchkeulen im geschlossenen Bräter 30 Minuten schmoren lassen. Zwischendurch wenden. Die Hähnchenkeulen herausnehmen und warm stellen. Die Sauce entfetten. Dafür ein paar Eiswürfel in ein Stück Küchenpapier geben und damit über die Bratenflüssigkeit streichen (das Fett haftet daran). Die Sauce durch ein Sieb streichen und zu den Hähnchenkeulen servieren.

Tipp
Dazu passen Reis und Blattsalat.

Für 4 Personen

8 Hähnchenkeulen
(à ca. 75 g Fleischgewicht)
weißer Pfeffer, edelsüßes Paprikapulver, Salz
3 Knoblauchzehen
1 EL getrocknete Kräuter der Provence
1 EL Sojasauce
2 EL Tomatenmark
2 EL Olivenöl
2 Lorbeerblätter
5 Wacholderbeeren
100 g trockener Rotwein
150 ml Hühnerbrühe
(Würfel oder Instantpulver)

Pro Person etwa:
330 kcal; 28 g Eiweiß, 22 g Fett,
2 g Kohlenhydrate

Hähnchenragout mit Champignons

Für 4 Personen

500 g Hähnchenbrustfilet
250 g frische Champignons
100 g Schalotten
200 g Karotten
2 EL Sesam- oder Sonnenblumenöl
weißer Pfeffer, edelsüßes Paprikapulver, mildes Currypulver, Salz
50 ml trockener Weißwein
200 ml Hühnerbrühe (Würfel oder Instantpulver)
1 TL Speisestärke (5 g)
50 g Maiskörner (TK-Ware oder aus der Dose)

Pro Person etwa:
225 kcal; 32 g Eiweiß, 7 g Fett, 7 g Kohlenhydrate

Das Hähnchenfleisch kalt abbrausen, mit Küchenpapier trockentupfen, dann in Würfel mit etwa 2 cm Kantenlänge schneiden. Die Pilze waschen, trockentupfen, falls nötig putzen, dann blättrig schneiden. Die Schalotten schälen und der Länge nach halbieren. Die Karotten waschen, putzen, schälen und in dünne Scheiben oder kleine Würfel schneiden. Das Öl in einem großen Topf erhitzen, die Schalotten darin andünsten, dann das Fleisch dazugeben und scharf anbraten. Mit Pfeffer, Paprika, Curry und Salz würzen. Die Pilze und die Karotten zugeben, kurz mitbraten, dann das Ganze mit dem Wein ablöschen. Durchköcheln lassen, die Brühe angießen und das Ganze zugedeckt bei milder Hitze 20 Minuten schmoren. Etwas Flüssigkeit abnehmen und die Stärke damit verrühren. Die Mischung unter das Ragout rühren, den Mais hinzufügen und das Ganze unter Rühren kurz durchköcheln lassen. Pikant abschmecken.

Tipp
Dazu passen körniger Reis und Salat.

Indische Hähnchenpfanne

Für 4 Personen

1 Brathähnchen (ca. 1 kg, Fleischgewicht ca. 750 g)
3 EL Worcestershiresauce
3 EL Sonnenblumenöl
100 ml dunkles Bier
weißer Pfeffer, edelsüßes Paprikapulver, Curry, Salz

Pro Person etwa:
395 kcal; 37 g Eiweiß, 26 g Fett, 2 g Kohlenhydrate

Das Hähnchen außen und innen mit kaltem Wasser abspülen, mit Küchenpapier sorgfältig trockentupfen und in etwa gleich große Stücke zerteilen. In die Worcestershiresauce 1 Esslöffel Öl, Bier und die Gewürze einrühren. Die Hähnchenteile mit der Sauce bestreichen, in eine flache Schüssel legen und die restlichen Marinade darüber träufeln. Das Fleisch etwa 20 Minuten durchziehen lassen. Das restliche Öl in einer großen beschichteten Pfanne erhitzen, die Fleischteile aus der Marinade nehmen und im heißen Öl von beiden Seiten gut anbraten; zum Schluss die Marinade dazugießen. Das Ganze zugedeckt bei milder Hitze etwa 35 Minuten schmoren lassen. Zwischendurch die Fleischstücke wenden.

Tipp
Dazu passen Reis und geschmortes Paprikagemüse.

Für 4 Personen

200 g Basmati-Reis (Rohgewicht)
400 g Putenbrust
1 Zwiebel (ca. 70 g)
1 Knoblauchzehe
200 g frische Champignons
250 g Tomaten
1 Bund Frühlingszwiebeln (200 g)
1 Dose Maiskörner (300 g Abtropfgewicht)
2 EL Sonnenblumenöl (20 g)
weißer Pfeffer, edelsüßes Paprikapulver, Salz
frischer Kerbel

Pro Person etwa:
440 kcal; 32 g Eiweiß, 8 g Fett, 60 g Kohlenhydrate

Goldmais-Pfanne

Den Reis nach Packungsvorschrift körnig kochen. Inzwischen das Fleisch mit kaltem Wasser abspülen, mit Küchenpapier trockentupfen und in feine Streifen schneiden (schnetzeln). Die Zwiebel sowie den Knoblauch schälen und fein würfeln. Die Champignons waschen, falls nötig putzen, und blättrig schneiden. Die Tomaten waschen, trockentupfen, halbieren, Stielansätze sowie Kerne entfernen und das Fruchtfleisch würfeln. Frühlingszwiebeln waschen, putzen, die Halme in Ringe und die Zwiebelkörper in Würfelchen schneiden. Den Mais abtropfen lassen. In einer beschichteten Pfanne das Öl erhitzen und darin das Geschnetzelte kräftig anbraten. Mit Pfeffer, Paprika sowie Salz würzen, Zwiebel- und Knoblauchwürfel hinzugeben und kurz mitdünsten. Das restliche Gemüse hinzugeben und das Ganze zugedeckt 5 Minuten im eigenen Saft schmoren lassen. Die Mischung abschmecken und mit frischen Kerbelzweigen garnieren. Den Reis durchrühren und zum Geschnetzelten servieren.

Tipp

Basmati-Reis ist eine besonders aromatische Reissorte aus den Hochgebieten des Himalaya. Er wird dort vom Gletscherwasser und der Schneeschmelze des Gebirges bewässert, daher der besonders feine Geschmack und der charakteristische Duft, der dem Reis seinen Namen gab („Basmati" heißt Duft). Bereiten Sie Basmati-Reis möglichst ohne Kochsalzzusatz zu, um das feine Aroma nicht zu überdecken.

Frikadellen im Gemüsebett

Für 4 Personen

Für das Gemüse:
300 g Karotten
300 g zarte Zucchini
1 Zwiebel (70 g)
1 Knoblauchzehe
20 g Butter
weißer Pfeffer, Salz
1 Zweig frischer Thymian

Für die Frikadellen:
400 g Rinderhackfleisch
1 kleines frisches Ei (Gew. Kl. S)
2 EL Magerquark (50 g)
1 EL mittelscharfer Senf
2 EL fein gehackte Petersilie
weißer Pfeffer, edelsüßes Paprikapulver, Salz
Semmelbrösel

Pro Person etwa:
325 kcal; 28 g Eiweiß, 20 g Fett, 7 g Kohlenhydrate

Die Karotten und Zucchini waschen sowie putzen. Die Karotten schälen beide Gemüse in etwa $^1/_2$ cm dicke Scheiben schneiden. Die Zwiebel und den Knoblauch schälen sowie fein hacken. Die Butter in einem Topf erhitzen und die Zwiebeln sowie den Knoblauch darin andünsten. Das übrige Gemüse dazugeben, mit Pfeffer sowie Salz würzen und andünsten. Den Thymian waschen, trockentupfen, die Blättchen vom Stiel zupfen und zum Gemüse geben. Das Ganze zugedeckt etwa 5 Minuten bei milder Hitze im eigenen Saft schmoren.

Tipp
Dazu passen Salzkartoffeln oder Kartoffelpüree.

Den Grill des Backofens oder den Tischgrill vorheizen und den Bratrost mit Alufolie belegen. Das Hackfleisch in eine Schüssel geben, das Ei, den Quark, den Senf, die Petersilie sowie die Gewürze hinzugeben und das Ganze mit den Händen zu einem glatten Teig verkneten. So viel Semmelbrösel untermischen, bis der Teig gut formbar ist. Aus dem Fleischteig dann mit nassen Händen Frikadellen formen, sie auf den Rost legen und 10 Minuten grillen, dann vorsichtig wenden und noch 5 Minuten fertiggrillen. Das Gemüse auf 4 Teller verteilen und die Frikadellen darauf anrichten.

Für 4 Personen

4 Hähnchenbrustfilets (à ca. 150 g)
8 Frühlingszwiebeln (150 g)
3 EL Sojasauce
3 EL trockener Sherry
2 TL Zucker (10 g)
1 Msp. Ingwerpulver
1 EL Sonnenblumenöl (10 g)
2 EL Sesamsamen (20 g)
½ Bund Schnittlauch (10 g)
1 kleine Zwiebel (40 g)
1 EL Sesamöl (10 g)
1 EL mildes Currypulver
100 g saure Sahne (10 % Fett)
150 g Naturjoghurt (3.5 % Fett)
1 TL flüssiger Honig (10 g)
schwarzer Pfeffer aus der Mühle, Salz

Pro Person etwa:
320 kcal; 39 g Eiweiß, 13 g Fett, 10 g Kohlenhydrate

Gefüllte Hähnchenbrust „Juan Carlos"

Die Hähnchenbrustfilets mit kaltem Wasser abspülen, mit Küchenpapier trockentupfen, falls nötig häuten und dann jeweils diagonal drei- bis viermal tief einschneiden. Die Frühlingszwiebeln waschen, putzen und in etwa 2 cm lange Stücke schneiden; diese der Länge nach in die Einschnitte drücken und mit Zahnstochern feststecken. Die Sojasauce zusammen mit dem Sherry, 1 Teelöffel Zucker, Ingwer sowie Sonnenblumenöl zu einer Marinade verrühren, das Fleisch rundherum damit einstreichen und zugedeckt im Kühlschrank 2 Stunden durchziehen lassen. Inzwischen den Sesam in einer beschichteten Pfanne ohne Fettzugabe goldgelb anrösten und herausnehmen. Den Schnittlauch waschen, trockentupfen und in feine Röllchen schneiden. Die Zwiebel schälen und fein würfeln. Das Sesamöl in einer Pfanne erhitzen, darin die Zwiebelwürfel andünsten, den Curry dazugeben, leicht andünsten, die Mischung aus der Pfanne nehmen und abkühlen lassen. Die saure Sahne und den Joghurt in einer Schüssel glatt rühren, zwei Drittel der Sesamkörner, zwei Drittel des Schnittlauchs und die abgekühlten Curry-Zwiebeln untermischen. Den restlichen Zucker und den Honig untermischen. Die Sesamsauce in ein Schälchen füllen und mit dem restlichen Sesam bzw. Schnittlauch bestreuen. Das Fleisch aus der Marinade nehmen, abtropfen lassen und die Marinade auffangen. Das Fleisch im Backofen oder auf dem

Tipp
Dazu schmeckt knuspriges Baguette, als Getränk passt Weißwein, z.B. Cabernet Sauvignon.

Tischgrill von allen Seiten grillen und zwischendurch mit der Marinade bestreichen. Zusammen mit der Sesamsauce servieren.

Putenschnitzel „Mostard“

Für 4 Personen

600 g Putenbrustfilet
3 EL (50 g) extrascharfer Senf (z. B. Löwensenf)
150 g pürierte Tomaten aus der Dose
Zucker, Salz
½ Kopf Wirsing (ca. 600 g)
1 Bund Frühlingszwiebeln (200 g)
1 EL Sonnenblumenöl (10 g)
1 EL Mehl
4 cl Cognac
300 ml Gemüsebrühe (Würfel oder Instantpulver)
50 g saure Sahne (10 % Fett)
weißer Pfeffer

Pro Person etwa:
310 kcal; 44 g Eiweiß, 8 g Fett, 11 g Kohlenhydrate

Das Fleisch mit kaltem Wasser abspülen, mit Küchenpapier trockentupfen und dann quer zur Faser in Scheiben schneiden. Senf, Tomatenpüree, etwas Zucker sowie Salz verrühren und damit das Fleisch bestreichen. Die Filets in eine Schüssel geben, darüber die restlich Sauce verteilen und das Fleisch bis zur Weiterverarbeitung durchziehen lassen. Inzwischen den Wirsing putzen, äußere Blätter sowie Strunk entfernen und den Rest in fingerbreite Streifen schneiden. Die Frühlingszwiebeln waschen, putzen und klein schneiden. In einer beschichteten Pfanne das Öl erhitzen, darin das Gemüse unter gelegentlichem Wenden 5 Minuten bei milder Hitze dünsten, herausnehmen und beiseite stellen. Das Fleisch zusammen mit der Marinade in die Pfanne geben und dünsten, das Gemüse dazugeben, mit Mehl bestäuben und leicht anschwitzen. Den Cognac dazugießen, alles vorsichtig mischen, die Brühe dazugeben und das Ganze zugedeckt etwa 10 Minuten bei milder Hitze garen. Die saure Sahne einrühren und das Ganze mit Pfeffer sowie Salz abschmecken.

Hähnchencurry „Marsala“

Für 4 Personen

300 g Karotten
300 g Zucchini
2 dünne Stangen Lauch (ca. 300 g)
400 g Hähnchenbrustfilet
1 Zwiebel (ca. 70 g)
2 EL Sonnenblumenöl (20 g)
4 EL Curry-Würzpaste (Fertigprodukt)
2 EL Sojasauce
100 ml Gemüsebrühe (Würfel oder Instantpulver)
50 g süße Sahne
50 g saure Sahne (10 % Fett)
2 TL rotes scharfes Currypulver
Salz
2 EL Cashewkerne (20 g)

Pro Person etwa:
255 kcal; 29 g Eiweiß, 10 g Fett, 12 g Kohlenhydrate

Das Gemüse waschen. Die Karotten putzen, schälen und in feine Streifen schneiden. Von den Zucchini die Enden knapp abschneiden, die Zucchini trockentupfen und in feine Streifen schneiden. Den Lauch sorgfältig putzen, in feine Ringe schneiden und diese nochmals mit kaltem Wasser abbrausen, um den Rest von Sand und Erde zu entfernen. Das Fleisch ebenfalls mit kaltem Wasser abbrausen, mit Küchenpapier trockentupfen, falls nötig häuten und in feine Streifen schneiden (schnetzeln). Die Zwiebel schälen und fein würfeln. Einen Esslöffel Öl in einem Topf erhitzen und darin die Zwiebelwürfel dünsten. Die Fleischstreifen dazugeben, kräftig anbraten und herausnehmen. Das restliche Öl im Topf erhitzen und darin das Gemüse dünsten, die Currypaste einrühren und das Fleisch zusammen mit den Zwiebeln hinzufügen. Mit der Sojasauce sowie der Brühe ablöschen und zugedeckt etwa 10 Minuten bei milder Hitze schmoren. Die süße sowie die saure Sahne einrühren und das Ganze offen einige Minuten weiterköcheln lassen. Mit scharfem Currypulver und etwas Salz abschmecken. Die Cashewkerne grob hacken. Das Hähnchencurry auf 4 Teller verteilen und darüber die Cashewkerne streuen.

Tipp

Dazu passt Reis. Sie können das Hähnchencurry auch auf mexikanische Art zubereiten: Dafür verwenden Sie reichlich Zwiebeln, rote Paprikaschoten, Kidneybohnen und Maiskörner. Gewürzt wird mit Paprika, Pfeffer und Chilipulver oder Pfeffersauce. Zur mexikanischen Variante passt am besten Fladenbrot.

Knusper-Hähnchenschenkel

Für 4 Personen

4 große (à 150 g Fleischgewicht) Hähnchenschenkel bzw. -keulen (frisch oder TK-Ware)
6 EL Fertigmarinade für Fleisch (z. B. Teriyaki-Marinade)
weißer Pfeffer aus der Mühle, edelsüßes Paprikapulver

Frische Hähnchenschenkel mit kaltem Wasser abspülen und sorgfältig mit Küchenpapier trockentupfen. Falls TK-Ware verwendet wird, diese auftauen lassen und trockentupfen. Die Hähnchenschenkel rundherum mit der Marinade bestreichen, in eine Schüssel geben und die restliche Marinade darüber träufeln. Zugedeckt im Kühlschrank etwa 3 Stunden durchziehen lassen, herausnehmen, abtropfen lassen und nebeneinander in eine hitzefeste Form legen. Die Marinade darüber verteilen und das Fleisch mit Pfeffer sowie Paprika würzen. Den Backofen auf 100 °C vorheizen. Die Form auf die mittlere Einschubleiste setzen und die Hähnchenschenkel etwa 40 Minuten lang braten. Zwischendurch ein paar Mal mit der Marinade bestreichen, damit sie schön knusprig werden.

Tipp
Dazu passen Ofenkartoffeln oder Fladenbrot und Salat.

Pro Person etwa:
265 kcal; 28 g Eiweiß, 17 g Fett, unter 1 g Kohlenhydrate

Für 4 Personen

1 Zwiebel (70 g)
250 g frische Champignons
150 g Karotten
250 g Ananasstücke (aus der Dose)
400 g Hähnchenschnitzel
2 EL Sonnenblumenöl (20 g)
weißer Pfeffer, mildes Currypulver, edelsüßes Paprikapulver, Salz
2 EL Weinbrand
2 EL Ananasflüssigkeit
100 ml Gemüsebrühe (Würfel oder Instantpulver)
1 TL Speisestärke (5 g)
1 EL (25 g) saure Sahne (10 % Fett)

Pro Person etwa:
245 kcal; 26 g Eiweiß, 7 g Fett, 17 g Kohlenhydrate

Exotisches Hähnchencurry

Die Zwiebel schälen und fein würfeln. Die Pilze waschen, falls nötig putzen, trockentupfen und blättrig schneiden. Die Karotten waschen, putzen, schälen und in dünne Stifte schneiden. Die Ananasstücke abtropfen lassen und die Flüssigkeit auffangen. Das Fleisch in feine Streifen schneiden (schnetzeln). Das Öl in einer großen beschichteten Pfanne erhitzen, darin die Zwiebelwürfel anbraten, das Fleisch hinzugeben, rundherum anbraten und alles kräftig mit Pfeffer, Curry, Paprika sowie Salz würzen. Die Karotten sowie die Pilze hinzugeben und unter vorsichtigem Wenden kurz dünsten. Das Ganze mit Weinbrand ablöschen. Den Bratensatz unter Rühren loskochen, die Ananasflüssigkeit sowie die Brühe hinzugeben und das Ganze zugedeckt bei milder Hitze 20 Minuten schmoren lassen. Die Stärke und die saure Sahne verrühren, die Masse unter die Saucenflüssigkeit rühren. Das Ganze noch 2 bis 3 Minuten leise durchköcheln lassen, dann abschmecken und servieren.

Tipp

Dazu passen Reis und gemischter Salat. Das Curry kann man – mit wenig Sauce! – auch zwischen Sesambrötchen geben und diese wie Hamburger essen. Ideal ist es, wenn etwas übrig bleibt, weil es als Belag auch kalt sehr gut schmeckt.

Gefülltes Hähnchenschnitzel

Die Hähnchenschnitzel nebeneinander auf einem Arbeitsbrett ausbreiten und mit der glatten Seite des Fleischklopfers flach drücken. Mit Pfeffer und Salz würzen. Die Paprikaschote waschen, trockentupfen und halbieren. Stielansätze, Kerne sowie weiße Innenteile entfernen, das Fruchfleisch fein würfeln und zusammen mit dem abgetropften Mais in ein Rührgefäß geben. Den Schinken in kleine Würfel schneiden und dazugeben. Das Ganze vermengen und mit einem Passierstab zu einer glatten Paste pürieren. Den Frischkäse sowie die Petersilie unterrühren und die Masse auf die Fleischscheiben streichen. Die Schnitzel zur Hälfte umklappen und am Rand mit Zahnstochern feststecken. In einer beschichteten Pfanne das Butterschmalz erhitzen, darin die gefüllten Schnitzel 5 Minuten bei mäßiger Hitze auf beiden Seiten braten, herausnehmen und auf Küchenpapier abtropfen lassen. Sofort servieren.

Tipp
Dazu passt gemischter Salat.

Für 4 Personen

4 dünne Hähnchenschnitzel (à ca. 150 g)
weißer Pfeffer, Salz
1 rote Paprikaschote (150 g)
50 g Maiskörner (aus der Dose)
1 Scheibe gekochter Schinken ohne Fettrand (ca. 30 g)
50 g Kräuterfrischkäse (50 % F. i. Tr.)
2 EL fein gehackte Petersilie (10 g)
2–3 EL Butterschmalz (40–45 g)

Pro Person etwa:
300 kcal; 39 g Eiweiß, 14 g Fett, 4 g Kohlenhydrate

Gegrillte Lammkoteletts mit grünen Bohnen

Für 4 Personen

3 Knoblauchzehen
1 TL fein gehackter Thymian
1 TL fein gehackter Estragon
2 EL Olivenöl (20 g)
weißer Pfeffer, Salz
4 Lammchops (doppelte Lammkoteletts, à ca. 125 g Fleischgewicht)
500 g grüne Bohnen
1 kleine Zwiebel
1 Zweig frisches Bohnenkraut
1 EL Butter (10 g)

Pro Person etwa:
390 kcal; 22 g Eiweiß, 30 g Fett, 8 g Kohlenhydrate

Die Knoblauchzehen schälen und durch eine Presse in eine kleine Schüssel drücken. Die Kräuter sowie das Öl dazugeben und alles gut miteinander verrühren. Mit Pfeffer und Salz würzen. Den Grill aufheizen, die Lammchops rundherum mit der Ölmischung bestreichen, auf den Grillrost legen, diesen in die mittlerer Einschubleiste schieben, in die unterste eine Fettpfanne schieben und die Chops von beiden Seiten grillen. Die Bohnen waschen, putzen und in etwa 3 cm lange Stücke schneiden. Reichlich Salzwasser aufkochen und die Bohnen darin 10 Minuten sprudelnd kochen lassen. Auf ein Sieb schütten und gut abtropfen lassen. Die Zwiebel schälen und fein würfeln. Das Bohnenkraut waschen, trockentupfen und die Blättchen abzupfen. Die Butter in einem Topf zerlassen, die Zwiebel darin andünsten, die Bohnen hinzugeben und das Bohnenkraut untermischen. Das Gemüse mit Pfeffer und Salz würzen, mehrmals wenden oder im Topf durchschwenken. Die fertigen Lammkoteletts auf Küchenpapier abtropfen lassen, dann zusammen mit den Bohnen servieren. Die Fettränder abschneiden und nicht verzehren.

Tipp
Dazu passen Ofenkartoffeln oder ein Kartoffelgratin.

Lammragout mit Pilzen

Für 4 Personen

400 g ausgelöste Lammkeule
2 Knoblauchzehen
150 g Frühlingszwiebeln
250 g frische Champignons
2 EL Sonnenblumenöl (20 g)
weißer Pfeffer, gemahlener Koriander, Salz
½ Bund frischer Koriander
75 ml trockener Weißwein
1 EL Tomatenmark
200 ml Fleischbrühe (Würfel oder Instantpulver)
1 TL Speisestärke

Das Fleisch kalt abbrausen, mit Küchenpapier trockentupfen und dann in Würfel mit etwa 2 cm Kantenlänge schneiden. Den Knoblauch schälen und fein hacken. Die Frühlingszwiebeln waschen, trockentupfen, putzen, die Halme in schmale Ringe schneiden und die Zwiebelkörper fein würfeln. Die Pilze waschen, trockentupfen, falls nötig putzen, dann blättrig schneiden. Das Öl in einem Topf erhitzen, das Fleisch darin scharf anbraten, mit Pfeffer, Koriander sowie Salz würzen, das Gemüse dazugeben und das Ganze unter gelegentlichem Wenden anbräunen. Das Koriandergrün waschen, trockentupfen, fein hacken und zum Fleisch geben. Die Fleischmischung mit Wein ablöschen, den Bratensatz loskochen, dann das Tomatenmark unterrühren. Das Ganze mit der Brühe angießen und zugedeckt bei milder Hitze etwa 30 Minuten schmoren lassen. Etwas Flüssigkeit abnehmen und die Stärke darin einrühren, dann die Mischung unter das Ragout heben. Das Ragout 2 Minuten durchköcheln lassen, dann abschmecken und servieren.

Tipp
Dazu passen Semmelknödel oder Reis und Salat.

Pro Person etwa:
315 kcal; 21 g Eiweiß, 24 g Fett, 3 g Kohlenhydrate

Für 4 Personen

1 Packung (400 g) Hirschgeschnetzeltes (TK-Ware)
2 EL Sonnenblumenöl (20 g)
Wildgewürz, Pfeffer, Salz
1 Schalotte (30 g)
200 ml Wildfond (aus dem Glas) oder Fleischbrühe (Würfel oder Instantpulver)
50 ml Orangensaft
3 EL Mango-Chutney (50 g)
1 EL heller Saucenbinder (10 g)
½ Papaya (ca. 75 g Fruchtfleisch)

Pro Person etwa:
200 kcal; 21 g Eiweiß, 8 g Fett, 10 g Kohlenhydrate

Hirschgeschnetzeltes auf exotische Art

Das Geschnetzelte auftauen lassen. In einer beschichteten Pfanne das Öl erhitzen und darin das Geschnetzelte gut anbraten. Mit Wildgewürz, Pfeffer sowie Salz würzen, die Hitze reduzieren, das Fleisch unter gelegentlichem Wenden fertig braten, aus der Pfanne nehmen und warm halten. Die Schalotte schälen, fein würfeln und im Bratfett glasig dünsten. Den Wildfond oder die Brühe sowie den Orangensaft dazugeben und aufkochen lassen. Das Mango-Chutney dazugeben und die Sauce offen etwas einkochen lassen. Den Saucenbinder einrühren und die Sauce nochmals aufkochen lassen. Die Papayahälfte waschen, schälen, entkernen, klein schneiden und in die Sauce geben. Das Fleisch dazugeben und alles gut miteinander vermengen. Sofort servieren.

Tipp
Hirschgeschnetzeltes gibt es als TK-Produkt bereits fertig gewürzt. Auch andere Wildspezialitäten, die durchweg besonders wenig Fett enthalten, sind tiefgefroren im Handel erhältlich. Zu diesem Gericht passen grüne Bandnudeln und Blattsalat.

Rehkeule mit Senf-Thymian-Sauce

Für 4 Personen

750 g Rehkeule ohne Knochen (frisch oder TK-Ware)
schwarzer Pfeffer aus der Mühle, Salz
2 EL Sonnenblumenöl (20 g)
125 ml trockener Rotwein
2 Lorbeerblätter
5 Wacholderbeeren
375 ml Fleischbrühe (Würfel oder Instantpulver)
1–2 EL mittelscharfer Senf (30 g)
1 TL (10 g) süßer Senf (Weißwurstsenf)
1 EL getrockneter Thymian
1 EL dunkler Saucenbinder (10 g)
1 EL (25 g) saure Sahne (10 % Fett)

Die frische Rehkeule mit kaltem Wasser abspülen und mit Küchenpapier sorgfältig trockentupfen (TK-Fleisch auftauen lassen). Das Fleisch von allen Seiten mit Pfeffer und Salz würzen. Das Öl in einem Bräter erhitzen und darin das Fleisch rundherum kräftig anbraten. Den Wein dazugießen, Lorbeer und Wacholder hinzufügen, die Brühe dazugießen und die Rehkeule im geschlossenen Bräter bei milder Hitze etwa 75 Minuten schmoren lassen. Das Fleisch herausnehmen und warm stellen. Die Bratenflüssigkeit durch ein Haarsieb in einen Topf gießen, Senf sowie Thymian unterrühren, das Ganze aufkochen lassen, mit Saucenbinder eindicken und dann die saure Sahne unterrühren. Das Fleisch in Scheiben schneiden und zusammen mit der Sauce servieren.

Tipp
Dazu passen Backofenkroketten oder Semmelknödel und ein grüner Salat.

Pro Person etwa:
280 kcal; 41 g Eiweiß, 9 g Fett, 5 g Kohlenhydrate

Rehkeule mit Kräuterkruste

Für 6 Personen

1 kg Rehkeule ohne Knochen
schwarzer Pfeffer aus der Mühle, Salz
2 EL Sonnenblumenöl (20 g)
1 Scheibe trockenes Weißbrot (20 g)
1 frisches Eiweiß
einige Zweige frischer Thymian und Rosmarin
2 EL (30 g) mittelscharfer Senf (z. B. Löwensenf)
400 ml Wildfond (aus dem Glas)
100 ml trockener Rotwein
1 EL dunkler Saucenbinder (10 g)

Pro Person etwa:
230 kcal; 37 g Eiweiß, 6 g Fett, 4 g Kohlenhydrate

Das Fleisch mit kaltem Wasser abspülen, mit Küchenpapier trockentupfen und rundherum mit Pfeffer sowie Salz würzen. Das Öl in einem Bräter erhitzen und darin das Fleisch von allen Seiten kräftig anbraten. Den Backofen auf 160 °C vorheizen. Das Weißbrot fein zerkrümeln, das Eiweiß steif schlagen, die Kräuter waschen, trockentupfen, die Blättchen von den Stielen zupfen und fein hacken. Die Brotbrösel, die Kräuter sowie den Senf unter das Eiweiß mischen und die Masse auf das Fleisch streichen. Den Wildfond sowie den Wein dazugießen und das Fleisch im Backofen auf zweitunterster Einschubleiste 60 Minuten garen. Das Fleisch vorsichtig herausnehmen und im Backofen warm halten. Die Bratenflüssigkeit auf dem Herd aufkochen, mit Pfeffer sowie Salz abschmecken und mit dem Saucenbinder leicht andicken.

Mariniertes Fischfilet mit Spaghetti und Frühlingszwiebeln

Für 4 Personen

2 Bund Frühlingszwiebeln (à ca. 290 g)
1 EL Butter
weißer Pfeffer, Salz
75 ml trockener Weißwein
250 ml Gemüsebrühe (Würfel oder Instantpulver)
2 Packungen (à 250 g) marinierte Seelachsfilets (TK-Ware)
250 g Spaghetti (Rohgewicht)
1 TL Olivenöl
Knoblauchpulver
2 EL fein gehackte Petersilie

Pro Person etwa:
575 kcal; 28 g Eiweiß, 27 g Fett, 52 g Kohlenhydrate

Die Frühlingszwiebeln waschen, putzen, die Halme in Ringe und die Zwiebelkörper in kleine Würfel schneiden. Die Butter in einem Topf erhitzen, darin die Frühlingszwiebeln dünsten und mit Pfeffer sowie Salz würzen. Den Wein sowie die Brühe untermischen und das Gemüse offen bei milder Hitze so lange köcheln, bis die Flüssigkeit verdampft ist.

Den Backofen auf 200 °C vorheizen. Ein Backblech mit Alufolie auslegen, darauf die Fischfilets nebeneinander anordnen und diese auf mittlerer Einschubleiste im Backofen etwa 20 Minuten backen.

Etwa $2^1/_2$ Liter Salzwasser zum Kochen bringen und darin die Spaghetti, nach Packungsanleitung bissfest garen. Auf ein Sieb schütten, gut abtropfen lassen, in eine Schüssel geben, das Öl sowie etwas Knoblauch untermischen und dann die Frühlingszwiebel unterheben. Die Spaghetti zum Fisch servieren.

Fischfilet „Müllerin Art" mit Kartoffelsalat

Für 4 Personen

1 kg festkochende Kartoffeln
50 g Kirschtomaten
150 g Feldsalat
30 g roher Schinken ohne Fettrand
150 ml heiße Gemüsebrühe (Würfel oder Instantpulver)
50 g Butter
2 Packungen (à 250 g) Seelachsfilets „Müllerin Art" in Mehlhülle (TK-Ware)
2 EL Kräuteressig
1 TL mittelscharfer Senf
1 EL Sonnenblumenöl
weißer Pfeffer, Salz
2 EL Schnittlauchröllchen

Pro Person etwa:
495 kcal; 27 g Eiweiß, 23 g Fett, 44 g Kohlenhydrate

Die Kartoffeln waschen und knapp mit Wasser bedeckt im geschlossenen Topf etwa 25 Minuten garen. Inzwischen die Tomaten waschen, trockentupfen und vierteln. Den Feldsalat verlesen, waschen, trockenschleudern und putzen. Den Schinken fein würfeln und in einer beschichteten Pfanne ohne Fettzugabe anbraten. Die Kartoffeln abgießen, abschrecken, pellen, kurz abkühlen lassen, in Scheiben schneiden und in eine Schüssel geben. Den Schinken untermischen und die Brühe darüber gießen. Das Ganze vorsichtig wenden und abkühlen lassen.

Die Hälfte der Butter in einer beschichteten Pfanne erhitzen und zunächst zwei Fischfilets darin von beiden Seiten jeweils 5 Minuten braten. Herausnehmen, auf Küchenpapier etwas abtropfen lassen und dann warm stellen. Die restliche Butter in der Pfanne erhitzen und darin die übrigen Fischfilets wie beschrieben backen. Herausnehmen, abtropfen lassen und warm stellen.

Den Essig zusammen mit 1 Esslöffel Wasser und dem Senf verrühren, das Öl untermischen und das Ganze mit Pfeffer sowie Salz würzen. Unter den Kartoffelsalat mischen. Den Feldsalat, die Tomaten sowie den Schnittlauch locker untermengen und den Salat auf Tellern anrichten. Dazu jeweils 1 Fischfilet servieren.

Seelachsfilets nach italienischer Art

Für 4 Personen

200 g Basmatireis (Rohgewicht)
500 g Brokkoli
Salz
2 Packungen (à 250 g) Seelachsfilets mit italienischen Kräutern (TK-Ware)
1 Bund Basilikum (20 g)
2 Knoblauchzehen
1 EL Pinienkerne (10 g)
2 EL fein geriebener Parmesan (20 g)
1 EL Zitronensaft (10 g)
schwarzer Pfeffer aus der Mühle

Den Reis in 400 Milliliter kochendes Wasser geben und etwa 20 Minuten im geschlossenen Topf bei milder Hitze körnig kochen. Den Brokkoli waschen, putzen (von den dicken Strünken die Haut abziehen), in Röschen sowie mundgerechte Stücke teilen und in reichlich Salzwasser bissfest garen. Abgießen und warm halten.

Den Backofen auf 200 °C vorheizen. Ein Backblech mit Alufolie auslegen, darauf die gewürzten Fischfilets nebeneinander legen und auf mittlerer Einschubleiste im Backofen etwa 20 Minuten backen. Inzwischen das Basilikum waschen, trockentupfen, die Blättchen von den Stielen zupfen und etwa 10 große Blättchen in feine Streifen schneiden. Den Knoblauch schälen und durch eine Presse in ein Schälchen drücken. Die Pinienkerne grob hacken. Die Basilikumstreifen, die Pinienkerne, den Parmesan sowie den Zitronensaft zum Knoblauch geben, alles gut verrühren und mit Pfeffer würzen. Den Reis, den Brokkoli und die Fischfilets auf 4 Teller verteilen, die Würzmischung über den Brokkoli geben und das Ganze mit den restlichen Basilikumblättchen garnieren.

Pro Person etwa:
550 kcal; 24 g Eiweiß, 31 g Fett, 44 g Kohlenhydrate

Goldbarschfilets auf Tomaten

Für 4 Personen

750 g Fleischtomaten
1 kleine Zwiebel
1 Knoblauchzehe
1/2 Bund Basilikum
3 EL Butter
100 ml Gemüse- oder Fleischbrühe (Würfel oder Instantpulver)
4 Goldbarschfilets (à ca. 200 g)
Saft von 1 Zitrone
weißer Pfeffer, edelsüßer Paprikapulver, Salz
50 g Semmelbrösel
50 g geriebener Parmesan

Pro Person etwa:
380 kcal; 44 g Eiweiß, 17 g Fett, 13 g Kohlenhydrate

Die Tomaten oben über Kreuz einritzen, in kochendes Wasser tauchen, dann die Haut mit einem spitzen Messer abziehen. Die Stielansätze herausschneiden und das Fruchtfleisch fein würfeln. Die Zwiebel und die Knoblauchzehe schälen sowie fein würfeln. Das Basilikum waschen, trockentupfen, die Blätter von den Stielen zupfen und in Streifen schneiden. Einen Esslöffel Butter in einem großen Topf erhitzen, die Zwiebel- und Knoblauchwürfel darin andünsten, dann die Tomaten und das Basilikum hinzugeben. Alles bei milder Hitze andünsten, dann die Brühe unterrühren und das Gemüse zugedeckt etwa j5 Minuten bei milder Hitze schmoren.

Tipp
Dazu passt Kartoffelpüree.

Den Backofen auf 200 °C vorheizen. Die Fischfilets kalt abbrausen, mit Küchenpapier sorgfältig trockentupfen, dann mit Zitronensaft einreiben und einige Minuten durchziehen lassen. Wieder abtupfen, anschließend mit Pfeffer, Paprika und Salz rundherum würzen. Das Tomatengemüse ebenfalls mit Pfeffer, Paprika und Salz würzen, in eine große, flache hitzefeste Form füllen und die Fischfilets darauf verteilen. Die restliche Butter zerlassen, die Semmelbrösel untermischen und leicht anrösten. Dann den Parmesan untermischen und die Brösel über die Fischfilets streuen. Das Ganze im Backofen auf mittlerer Einschubleiste etwa 30 Minuten backen.

Pochiertes Fischfilet auf Möhren

Für 4 Personen

300 g Karotten
2 Zwiebeln (ca. 150 g)
2 Knoblauchzehen
1 EL Sonnenblumenöl
500 ml Maracujasaft oder -nektar
750 ml Gemüsebrühe (aus Würfel oder Instantpulver)
4 TL Essigessenz (25 % Säure)
2 TL Zucker
Salz
150 g Erbsen (TK-Ware)
2 EL Saucenbinder (20 g)
4 Lengfischfilets (küchenfertig, à 200 g)
Pfeffer

Pro Person etwa:
340 kcal; 42 g Eiweiß, 4 g Fett, 32 g Kohlenhydrate

Die Karotten waschen, putzen, schälen und in sehr dünne Stifte schneiden. Die Zwiebeln und den Knoblauch schälen, die Zwiebeln in Spalten schneiden, den Knoblauch fein hacken. Das Öl in einem Topf erhitzen und die Zwiebeln sowie den Knoblauch zusammen darin andünsten. Den Maracujasaft dazugeben und das Ganze etwa 10 Minuten offen köcheln lassen. 250 Milliliter Brühe und 2 Teelöffel Essigessenz dazugeben und die Flüssigkeit mit Zucker und Salz abschmecken. Die Karottenstreifen und die Erbsen dazugeben und das Gemüse etwa 5 Minuten garen. Den Saucenbinder einrühren und das Ganze nochmals 1 Minute durchköcheln lassen. Dann bis zum Servieren warm halten. Die restliche Brühe zusammen mit der restlichen Essigessenz aufkochen, die Fischfilets dazugeben, die Hitze reduzieren und die Fischfilets bei schwacher Hitze 10 Minuten pochieren (garziehen lassen). Die Fischfilets vorsichtig aus dem Sud nehmen, kurz abtropfen lassen, dann auf vorgewärmten Tellern zusammen mit dem Gemüse und der Sauce anrichten.

Tipp
Dazu passt eine Wildreismischung.

Für 4 Personen

200 g Wildreismischung (Rohgewicht)
600 g Seezungenfilets
2 EL Zitronensaft
weißer Pfeffer, Salz
100 g Frischkäsecreme mit Kräutern (40 % F. i. Tr.)
1 EL Kapern
2 EL Olivenöl
250 g Tomatensauce (Packung oder aus dem Glas)

Pro Person etwa:
420 kcal; 33 g Eiweiß, 12 g Fett, 44 g Kohlenhydrate

Seezungenröllchen auf Wildreis

Den Reis in etwa 500 Milliliter kochendes Wasser geben und im geschlossenen Topf bei milder Hitze körnig kochen. Die Seezungenfilets kalt abspülen, mit Küchenpapier trockentupfen und auf einem Arbeitsbrett ausbreiten. Mit Zitronensaft bestreichen und 5 Minuten durchziehen lassen. Wieder abtupfen und mit Pfeffer sowie Salz würzen. Den Frischkäse in eine Schüssel geben. Die Kapern sehr fein hacken und unter den Frischkäse mischen. Die Masse auf die Filets streichen, diese aufrollen und mit Zahnstochern feststecken. Das Öl in einer beschichteten Pfanne erhitzen und darin die Röllchen rundherum anbraten. Die Tomatensauce dazugießen und das Ganze zugedeckt bei milder Hitze 5 Minuten gar ziehen lassen. Die Seezungenröllchen zusammen mit der Reismischung servieren.

Curryfisch

Die Fischfilets kalt abbrausen, mit Küchenpapier sorgfältig trockentupfen, dann in mundgerechte Würfel schneiden und im Zitronensaft marinieren. Kurz durchziehen lassen, dann auf ein Sieb geben, abtropfen lassen und mit Küchenpapier abtupfen. Die Fischwürfel mit Pfeffer, Curry und Salz würzen. Die Zwiebeln schälen und fein würfeln. Das Butterschmalz in einer beschichteten Pfanne erhitzen und die Zwiebeln darin glasig werden lassen. Die Fischstücke dazugeben und von allen Seiten scharf anbraten. Den Koriander waschen, trockenschütteln und fein hacken. Die Kräuter zum Fisch geben, untermischen, dann die Brühe angießen. Das Ganze mit den Gewürzen und Salz kräftig würzen und offen etwa 10 Minuten leise köcheln lassen. Dann die Pfanne vom Herd nehmen und die Crème fraîche einrühren.

Tipp
Dazu passen körniger Reis und grüner Blattsalat.

Für 4 Personen

4 Kabeljaufilets (à ca. 200 g, küchenfertig)
Saft von 1 Zitrone
weißer Pfeffer, Currypulver, Salz
200 g Zwiebeln
30 g Butterschmalz
1/2 Bund Koriander (ersatzweise glatte Petersilie)
200 ml Gemüsebrühe (Würfel oder Instantpulver)
1 EL Crème fraîche (25 g)

Pro Person etwa:
245 kcal; 35 g Eiweiß, 10 g Fett, 3 g Kohlenhydrate

Bandnudeln mit Meeresfrüchten

Für 4 Personen

1 kg frische Miesmuscheln (ersatzweise 125 g TK-Muschelfleisch)
2 mittelgroße Zwiebeln
2 Knoblauchzehen
2 EL Olivenöl
1 kleine Dose Tomatenmark (70 g)
1 EL Essigessenz (25 % Säure)
250 ml Gemüsebrühe (Würfel oder Instantpulver)
250 g Tintenfischringe (TK-Ware)
200 g Garnelen (Shrimps, TK-Ware)
Zucker, weißer Pfeffer, Salz
1 Bund Basilikum
500 g Bandnudeln
1 EL Butterschmalz

Pro Person etwa:
648 kcal; 39 g Eiweiß, 13 g Fett, 92 g Kohlenhydrate

Die Muscheln gründlich waschen und abbürsten, dann in reichlich kochendes Wasser geben und etwa 5 Minuten kochen, bis sich alle Schalen geöffnet haben. Geschlossene Muscheln bitte wegwerfen! Das Wasser abgießen und das Muschelfleisch aus den Schalen lösen. Die Zwiebeln sowie den Knoblauch schälen und fein würfeln. Das Öl in einem Topf erhitzen und die Zwiebel- sowie Knoblauchwürfel darin glasig dünsten. Das Tomatenmark sowie die Essigessenz untermischen und das Ganze mit der Brühe auffüllen. Die Sauce gut verrühren, dann das Muschelfleisch, die Tintenfischringe und die Garnelen in die Sauce geben, das Ganze zugedeckt etwa 10 Minuten leise köcheln lassen. Die Sauce mit Zucker, Pfeffer und Salz abschmecken. Das Basilikum waschen, trockenschütteln, die Blättchen fein hacken und unter die Sauce mischen. Etwa 5 Liter Salzwasser aufkochen und die Bandnudeln darin nach Packungsanleitung bissfest garen. Auf ein Sieb schütten, gut abtropfen lassen. Das Butterschmalz erhitzen und die Nudeln darin wenden. Die Nudeln zusammen mit den Meeresfrüchten servieren.

Tipp
Dazu passt Blattsalat.

Gebackener Seelachs auf baskische Art

Für 4 Personen

600 g Seelachsfilets
2 EL Zitronensaft
weißer Pfeffer, Salz
1 Fenchelknolle mit Grün (ca. 200 g)
1 Zwiebel (ca. 70 g)
½ rote Paprikaschote (ca. 75 g)
½ gelbe Paprikaschote (ca. 75 g)
1 Zucchini (ca. 200 g)
2 Tomaten (ca. 150 g)
4 Scheiben Schinkenspeck (40 g)
½ Rolle (ca. 50 g) Grill- oder Kräuterbutter
50 ml trockener Weißwein

Die Fischfilets mit kaltem Wasser abspülen, mit Küchenpapier trockentupfen und mit Zitronensaft beträufeln. 5 Minuten durchziehen lassen, erneut abtupfen und mit Pfeffer sowie Salz würzen. Den Fenchel waschen, trockentupfen, putzen, der Länge nach in schmale Spalten schneiden, das Grün fein hacken und in kochendem Salzwasser 3 Minuten blanchieren. Die Zwiebel schälen und in feine Ringe schneiden. Das restliche Gemüse waschen und trockentupfen. Aus den Paprikahälften Stielansätze, Kerne sowie weiße Innenteile entfernen und das Fruchtfleisch in Streifen schneiden. Von der Zucchini die Enden knapp abschneiden und den Rest in Scheiben schneiden. Von den Tomaten die Stielansätze herausschneiden und dann das Fleisch in Scheiben schneiden. Den Backofen auf 180 °C vorheizen. Das Gemüse mit Ausnahme der Tomaten in eine Auflaufform füllen, mit Pfeffer sowie Salz würzen; darauf die Fischfilets legen, die Tomatenscheiben darüber geben und leicht würzen. Die Speckscheiben aufrollen und dazwischen setzen. Die Kräuterbutter in dünne Scheiben schneiden und auf den Tomaten verteilen. Den Wein darübergießen und das Ganze auf mittlerer Einschubleiste im Backofen etwa 35 Minuten garen.

Pro Person etwa:
295 kcal; 32 g Eiweiß, 15 g Fett, 6 g Kohlenhydrate

Für 4 Personen

20 küchenfertige Scampi oder Tiefseegarnelen ohne Schale (400 g)
weißer Pfeffer, Salz
5 EL Zitronensaft
2 EL Olivenöl
1 Packung (300 g) italienisches Pfannengemüse (TK-Ware)
40 g schwarze Oliven
300 g fettarmer Naturjoghurt
50 g Schmand (24 % Fett)
3 Knoblauchzehen
etwas Zucker

Pro Person etwa:
255 kcal; 18 g Eiweiß, 16 g Fett, 9 g Kohlenhydrate

Gemüse-Scampi-Pfanne

Scampi oder Garnelen in eine Schüssel geben, mit Pfeffer sowie Salz würzen und mit Zitronensaft beträufeln. Das Öl in einer beschichteten Pfanne erhitzen und darin die Scampi gut anbraten, herausnehmen und beiseite stellen. Das Gemüse in die Pfanne geben und etwa 2 Minuten anbraten. Die Oliven und die Scampi bzw. Garnelen hinzufügen und das Ganze zugedeckt etwa 5 Minuten weitergaren. Inzwischen den Joghurt zusammen mit dem Schmand glatt rühren. Den Knoblauch schälen und durch die Presse dazudrücken. Alles mit Pfeffer, Zucker und Salz würzen. Die Sauce in einem Töpfchen leicht erwärmen (nicht erhitzen!). Das Scampi-Pfannengemüse zusammen mit der Sauce servieren.

Tipp
Dazu passen Ofenkartoffeln.

Gefüllte Pfannkuchen

Für 4 Personen

3 frische Eier (Gew. Kl. M)
200 g Mehl
150 ml fettarme Milch
kohlensäurehaltiges Mineralwasser
Salz
2 EL Sonnenblumenöl
100 g Frischkäsecreme mit Buttermilch
500 g Äpfel
60 ml Weißwein
2 TL flüssiger Honig (20 g)
Zimt
Puderzucker zum Bestreuen

Die Eier in ein Rührgefäß schlagen, mit einem Schneebesen verquirlen, Mehl, Milch sowie einen Schuss Mineralwasser unterrühren und leicht salzen. Alles kräftig verquirlen, bis ein glatter Teig entsteht. Eine beschichtete Pfanne erhitzen, mit etwas Öl ausstreichen und eine Schöpfkelle Teig hineingeben. Die Masse gleichmäßig verlaufen lassen, bei miltlerer Hitze von beiden Seiten zu einem goldgelben knusprigen Pfannkuchen ausbacken, diesen herausnehmen und warm halten. In gleicher Weise den gesamten Teig zu Pfannkuchen verarbeiten, dazwischen die Pfanne jedes Mal mit etwas Öl ausstreichen.
Die Äpfel waschen, vierteln, entkernen, würfeln, zusammen mit dem Wein in einen Topf geben und bei milder Hitze zugedeckt 5 Minuten dünsten. Mit Honig und Zimt abschmecken. Die Pfannkuchen auf Teller verteilen und etwas Apfelkompott darauf geben. Die Pfannkuchen jeweils zusammenklappen und mit Puderzucker bestäuben.

Pro Person etwa:
410 kcal; 15 g Eiweiß, 13 g Fett, 56 g Kohlenhydrate

Für 1 Blech

Für den Hefeteig:
300 g Mehl
½ Würfel Hefe (ca. 20 g)
½ TL Salz
2 Knoblauchzehen
1 TL getrockneter Thymian
Butter für das Blech
Mehl zum Ausrollen

Für den Belag:
4 EL Olivenöl
1 Dose Tomatenmark (70 g)
weißer Pfeffer aus der Mühle
1 Zwiebel (70 g)
300 g rote, grüne und gelbe Paprikaschoten, 300 g Zucchini
300 g Fenchelknollen mit Grün
getrockneter Oregano und Basilikum, Salz
1 Dose Artikschockenherzen (425 ml-Dose, 240 g Abtropfgewicht)
80 g schwarze Oliven mit Stein
200 g Mozzarella (Abtropfgewicht)

Pro Schnitte etwa:
290 kcal; 12 g Eiweiß, 12 g Fett, 32 g Kohlenhydrate

Italienische Gemüsepizza

Für den Teig das Mehl in eine Schüssel sieben, in die Mitte eine Mulde drücken, die Hefe hineinbröckeln und das Salz am Rand verteilen. In die Mitte 125 ml warmes Wasser gießen, die Hefe darin auflösen und den Vorteig 15 Minuten gehen lassen. Vom Rand her das Mehl unterarbeiten, zuletzt den Teig mit den Händen gut durchkneten, ihn zu einer Kugel formen und zugedeckt an einem warmen Ort 30 Minuten gehen lassen. Ein Blech einfetten. Den Teig nochmals durchkneten. Eine Arbeitsfläche dünn mit Mehl bestreuen, darauf den Teig in der Größe des Bleches dünn ausrollen und auf das Blech legen.

Für den Belag 3 Esslöffel Öl zusammen mit dem Tomatenmark und etwas Pfeffer verrühren. Die Masse auf den Teig streichen. Die Zwiebel schälen und fein würfeln. Das andere Gemüse waschen und trockentupfen. Die Paprikaschoten halbieren, Stielansätze, Kerne sowie weiße Innenteile entfernen und das Fruchtfleisch in schmale Streifen schneiden. Von den Zucchini die Enden entfernen und den Rest in dünne Scheiben schneiden. Den Fenchel in Streifen schneiden und das Grün fein hacken. Das restliche Öl in einem Topf erhitzen und die Zwiebelwürfel darin glasig dünsten. Das zerkleinerte Gemüse, Kräuter, Pfeffer sowie Salz hinzufügen, alles unter Rühren andünsten und die Gemüsemischung dann gleichmäßig auf dem Teigboden verteilen. Die Artischockenherzen abtropfen lassen, jeweils einmal durchschneiden

Tipp
Sie können auch anderes Gemüse verwenden, so zum Beispiel Maiskörner, Brokkoli oder Lauch.

und dazwischen verteilen. Die Oliven ebenfalls dazwischen verteilen.
Den Backofen auf 180 °C vorheizen. Mozzarella abtropfen lassen, in Scheiben schneiden und auf dem Belag verteilen. Die Pizza auf mittlerer Einschubleiste im Backofen etwa 30 Minuten backen. Diese zum Schluss in 8 gleich große Rechtecke schneiden.

Wirsingkuchen

Für 1 Blech

Für den Quark-Öl-Teig:
150 g trockener Magerquark
5 EL Sonnenblumenöl
1 frisches Ei (Gew. Kl. M)
1 Msp. Salz
1 Päckchen Backpulver
300 g Mehl, Butter für das Blech

Für den Belag:
1 kg Wirsingkohl
1 EL Butter (10 g)
1 TL Kümmel
weißer Pfeffer, geriebene Muskatnuss
100 ml Gemüsebrühe
1 TL Speisestärke (5 g)
1 Ecke Schmelzkäse (30 % F. i. Tr.)

Den Quark zusammen mit Öl, Ei sowie Salz in eine Schüssel geben und alles gut miteinander verrühren. Das Backpulver unter das Mehl mischen und unter die Quarkmasse kneten. Ein Blech mit Butter einfetten und darauf den Teig dünn ausrollen; die Ränder etwas andrücken.
Den Wirsingkopf putzen, Hüllblätter entfernen und den Kopf vierteln. Die Strunkanteile schräg herausschneiden und dann den Wirsing quer in feine Streifen schneiden. Die Butter in einem großen Topf erhitzen, den Wirsing dazugeben und unter Rühren dünsten. Kümmel, Pfeffer sowie Muskat dazugeben und das Ganze mit der Brühe ablöschen. Das Gemüse im geschlossenen Topf bei milder Hitze 10 Minuten dünsten, zwischendurch immer wieder umrühren. Die Stärke einrühren, das Gemüse binden und darin unter Umrühren den Käse schmelzen lassen. Den Backofen auf 200 °C vorheizen. Das Gemüse abschmecken, gleichmäßig auf dem Teigboden verteilen und den Kuchen auf mittlerer Einschubleiste im Backofen etwa 30 Minuten backen. Den Kuchen in 8 gleich große Rechtecke schneiden und warm servieren.

Pro Schnitte etwa:
270 kcal; 12 g Eiweiß, 10 g Fett, 32 g Kohlenhydrate

Desserts

Für viele ist ein Dessert der krönende Abschluss jedes Mittagessens. Doch nur wenige gönnen sich regelmäßig eine Nachspeise, und wenn überhaupt, dann nur zu besonderen Anlässen. Im Allgemeinen werden leichte Desserts bevorzugt, oftmals sind es nur frische Früchte oder eine Joghurt- bzw. Quarkspeise, die im Handumdrehen fertig ist. Fettreiche, schwere Desserts sind „out“, Fertigprodukte sind aber auch nicht empfehlenswert. Was Sie trotzdem mit gutem Gewissen und wenig Fettkalorien auf den Tisch bringen können, finden Sie auf den folgenden Seiten.

Erdbeer-Ananas-Salat

Für 4 Personen

300 g frisches Ananasfruchtfleisch
300 g Erdbeeren
1 EL Vanillezucker (10 g)
2 cl weißer Rum

Das Ananasfruchtfleisch in kleine Würfel schneiden und in eine Schüssel geben. Die Erdbeeren waschen, verlesen, putzen und in Scheibchen schneiden. Zusammen mit dem Vanillezucker und dem Rum unter die Ananasstücke mischen. Im Kühlschrank etwa 1 Stunde durchziehen lassen. Die Portionen auf Schälchen verteilen.

Tipp
Sie können auch Himbeeren oder Süßkirschen gut mit der frischen Ananas kombinieren.

Pro Person etwa:
90 kcal; 12 g Eiweiß, 9 g Fett, 75 g Kohlenhydrate

Orangencreme

Für 4 Personen

250 g Magerquark
150 g verrührter Magermilchjoghurt
Saft von 1 Orange (50 ml)
2 unbehandelte Orangen (250 g Fruchtfleisch)
1 EL Vanillezucker (10 g)
2 EL flüssiger Honig (40 g)
1 TL abgeriebene Schale von 1 unbehandelten Orange

Den Quark zusammen mit dem Joghurt sowie dem Orangensaft in eine Schüssel geben und alles gut verrühren. Die Orangen dick abschälen, dabei die weiße Haut entfernen. Die Orangenfilets aus den Häuten lösen, in Stücke schneiden und unter den Quark mischen. Vanillezucker, Honig sowie Orangenschale unterrühren und das Ganze 15 Minuten im Kühlschrank durchziehen lassen. Die Creme nochmals durchrühren und in Schälchen portionieren.

Pro Person etwa:
135 kcal; 10 g Eiweiß, unter 1 g Fett, 21 g Kohlenhydrate

Ricottacreme mit Weintrauben

Für 4 Personen

150 g ungesalzener Ricotta (italienischer Frischkäse mit ca. 40 % F. i. Tr.)
100 g Magerquark
40 g Zucker
1 Päckchen Vanillezucker
250 g kleine kernlose Weintrauben
2 EL (20 g) Mandelkrokant oder geröstete Mandelsplitter

Pro Person etwa:
195 kcal; 8 g Eiweiß, 7 g Fett, 25 g Kohlenhydrate

Den Ricotta zusammen mit dem Quark glatt rühren, Zucker und Vanillezucker unterrühren. Die Weintrauben waschen, trockentupfen, die Beeren von den Stielen zupfen und abwechselnd mit der Ricottacreme in vier Gläser schichten. Mit Krokant oder Mandelsplitter bestreuen. Falls Sie das Dessert nicht sofort servieren, dieses kühl stellen.

Tipp
Sehr hübsch sieht es aus, wenn Sie helle und blaue Trauben mischen.

Joghurttörtchen

Für 4 Personen

450 g Naturjoghurt (3,5 % Fett)
50 g Zucker
1 EL Vanillezucker (10 g)
250 g gemischte frische Beeren (Erdbeeren, Himbeeren, Brombeeren, Heidelbeeren)
6 Blatt helle Gelatine
Zitronenmelisse zum Garnieren

Pro Person etwa:
155 kcal; 4 g Eiweiß, 4 g Fett, 23 g Kohlenhydrate

Den Joghurt zusammen mit der Hälfte des Zuckers und dem Vanillezucker glattrühren. Die Beeren waschen, verlesen, putzen und grob zerkleinern. Die Gelatine einweichen, quellen lassen, ausdrücken und in ein Schälchen geben. Im warmen Wasserbad auflösen, etwas Joghurt unterrühren, dann das Ganze umgekehrt rasch in den Joghurt rühren. Die Masse so lange in den Kühlschrank stellen, bis sie anfängt dicklich zu werden. Die Beeren unterziehen und die Masse in vier Tassen oder Förmchen füllen. Im Kühlschrank fest werden lassen. Die Törtchen auf Teller stürzen und mit Zitronenmelisseblättchen garnieren.

Bratäpfel

Für 4 Personen

4 feste mürbe Äpfel (z. B. Boskoop, à ca. 150 g)
2 EL gehackte Mandeln (20 g)
2 EL Rosinen (20 g)
2 EL Johannisbeergelee (40 g)
2 cl brauner Rum

Pro Person etwa:
160 kcal; 2 g Eiweiß, 4 g Fett, 26 g Kohlenhydrate

Den Backofen auf 200 °C vorheizen. Die Äpfel waschen, mit Küchenpapier trockentupfen und die Mitte mit einem Apfelbohrer ausstechen. Die Mandeln zusammen mit den Rosinen, dem Johannisbeergelee und dem Rum verrühren. Die Äpfel einzeln auf ein Stück Alufolie setzen, in die Aushöhlung Mandelmasse füllen und die Folien über den Äpfeln gut verschließen. Die Äpfel in eine hitzefeste Form setzen und auf mittlerer Einschubleiste etwa 20 Minuten braten. Dann die Folien öffnen und die Äpfel noch weitere 5 Minuten backen.

Tipp
Dazu passt Vanillesauce (aus dem Päckchen).

Erdbeereis

Für 4 Personen

400 g frische Erdbeeren
100 g Zucker
100 g Sahne
2 frische Eiweiß

Pro Person etwa:
215 kcal; 3 g Eiweiß, 8 g Fett, 31 g Kohlenhydrate

Die Erdbeeren waschen, verlesen, putzen, grob zerdrücken, dann zusammen mit dem Zucker fein pürieren. Die Sahne steif schlagen und unterziehen. Die Eiweiße steif schlagen und den Eischnee mit einem Schneebesen gleichmäßig unter die Erdbeersahne ziehen. Die Masse in Eiswürfelbehälter füllen und 2 bis 3 Stunden im Gefrierschrank frosten.

Tipp
Dazu passen Löffelbisquits.

Himbeerbaiser

Für 4 Personen

4 Baisers (Eiweißgebäck vom Bäcker)
250 g frische Himbeeren
100 g Speisequark (20 % F. i. Tr.)
2 EL flüssiger Honig
1 EL Zitronensaft
3 Blatt helle Gelatine

Pro Person etwa:
190 kcal; 5 g Eiweiß, 1 g Fett, 37 g Kohlenhydrate

Die Baisers der Länge nach durchschneiden. Die Himbeeren waschen, verlesen, putzen und fein pürieren. Den Quark, den Honig sowie den Zitronensaft untermischen und das Ganze zu einer schönen Creme verrühren. Die Gelatine in kaltem Wasser einweichen, 10 Minuten quellen lassen, dann ausdrücken und im Wasserbad auflösen. Rasch unter den Himbeerquark rühren, dann die Creme kalt stellen, bis sie anfängt, dicklich zu werden. Sie dann auf die Unterhälften der Baisers verteilen, die Oberhälften daraufsetzen und das Ganze im Kühlschrank fest werden lassen.

Himbeersorbet mit Sekt

Für 4 Personen

500 g frische Himbeeren
60 g Zucker
2 EL Zitronensaft (20 ml)
1 Piccoloflasche trockener Sekt

Pro Person etwa:
140 kcal; 2 g Eiweiß, unter 1 g Fett, 23 g Kohlenhydrate

Die Himbeeren waschen, verlesen, putzen und fein pürieren. Den Zucker sowie den Zitronensaft dazugeben und das Ganze in einer Edelstahlschüssel 4 Stunden im Tiefkühlfach frosten. Alle halbe Stunde die Masse mit eine Schneebesen kräftig durchrühren. 4 Sektschalen kalt stellen. Das Sorbet in einen Spritzbeutel mit großer Tülle füllen, in die Sektgläser spritzen und sofort mit Sekt auffüllen. Gleich servieren.

Tipp
Sie können auch andere weiche Früchte verwenden, so z. B. Aprikosen, Pfirsiche, Nektarinen. Wer keinen Alkohol mag, verwendet statt Sekt Apfelschorle oder Tonic Water.

Zitronenschaumcreme

Für 6 Personen

3 frische Eier (Gew. Kl. M)
80 g Zucker
Saft und Schale von
2 unbehandelten Zitronen
250 ml fruchtiger Weißwein
5 Blatt helle Gelatine
Zitronenscheiben zum
Garnieren

Pro Person etwa:
130 kcal; 3 g Eiweiß, 3 g Fett,
15 g Kohlenhydrate

Die Eier sorgfältig trennen, die Eiweiße in den Kühlschrank stellen, die Eigelbe mit den Rührbesen eines elektrischen Handrührgerätes verquirlen und dabei den Zucker einrieseln lassen. Das Ganze so lange rühren, bis eine helle, dickliche Creme entstanden ist. Zitronensaft und -schale hinzugeben. Unter weiterem Rühren den Wein dazugießen. Die Gelatineblätter in etwas Wasser einweichen, quellen lassen, gut ausdrücken, in eine Tasse geben und im heißen Wasserbad auflösen. Etwas Zitronenschaum unter die Gelatine mischen; das Ganze umgekehrt unter den Zitronenschaum rühren. Die Masse kräftig durchrühren und so lange in den Kühlschrank stellen, bis sie anfängt, dicklich zu werden. Die Eiweiße sehr steif schlagen und den Eischnee mit einem Schneebesen zügig sowie gleichmäßig unter den Zitronenschaum ziehen. Die Creme in Dessertschälchen füllen und im Kühlschrank fest werden lassen. Vor dem Servieren mit Zitronenscheiben garnieren.

Tipp

Auf dieselbe Weise können Sie auch eine Orangencreme zubereiten. Es eignet sich jeder Fruchtsaft, aber auch mit Fruchtmus gelingen feine, schaumige und leichte Cremes. Garnieren Sie z. B. auch mit einigen Sahnetupfern, oder servieren Sie dazu feines leichtes Gebäck.

Rezeptverzeichnis